Katharina Ley

Tu, was dich anlächelt

Katharina Ley

Tu, was dich anlächelt

Von der Qual der Wahl zur Fülle des Lebens

KREUZ

*Wenn wir in unserem täglichen Leben lächeln können, wenn
wir friedvoll und glücklich sind, dann geht es nicht nur uns,
sondern auch den anderen Menschen gut.
Das ist die Grundlage der Friedensarbeit.*

Thich Nhat Hanh

MIX
Papier aus verantwor-
tungsvollen Quellen
FSC **FSC® C106847**
www.fsc.org

© KREUZ VERLAG
in der Verlag Herder GmbH, Freiburg im Breisgau 2012
Alle Rechte vorbehalten
www.kreuz-verlag.de

Satz: de·te·pe, Aalen
Herstellung: fgb · freiburger graphische betriebe
www.fgb.de

Printed in Germany

ISBN 978-3-451-61070-7

Inhalt

Einleitung

Es geht in diesem Buch um das Lächeln. Nicht nur – das wäre zu schwierig. Es geht um innere Zerrissenheiten und Ambivalenzen, um Zustände, die wir alle gut kennen. Vor allem interessieren der Umgang und die Überwindung des inneren Gezerres von Gefühlen und des inneren Lärms; die Entwicklung von der inneren Zerrissenheit zum friedvollen Lächeln.

Thich Nhat Hanh: »Wenn wir in unserem täglichen Leben lächeln können, wenn wir friedvoll und glücklich sind, dann geht es nicht nur uns, sondern auch den anderen Menschen gut. Das ist die Grundlage der Friedensarbeit.«

Sowohl der äußere wie auch der innere Friede haben bei jedem einzelnen Menschen zu beginnen. Ich habe das Lächeln gewählt, um *eine* Möglichkeit aufzuzeigen, mit Zerrissenheiten und Ambivalenzen umgehen zu lernen und immer wieder auf dem Weg der Achtsamkeit – dem nicht wertenden, nicht anhaftenden Wahrnehmen – zu innerem Frieden kommen zu können.

Nicht nur meine eigene Freude am Lächeln und am Lachen und die Erfahrung, dass beide heilende Wirkungen aufweisen, haben mich auf diesen Weg gebracht. Ich verdanke es auch meiner Beschäftigung mit lächelnden Buddhas – lebendigen, lehrenden und Statuen –, dass ich es wage, mich mit diesem Thema zu exponieren. Ich erfahre täglich, dass das Lächeln, das ich aussende, zu mir zurückkehrt. Lächeln verändert das Leben. Lächeln ist Energie. Lächeln ist eine Möglichkeit des Friedens. Dem Lächeln wohnt ein Zauber inne. Dies sind tiefgreifende Erfahrungen, die ich gerne mit vielen Menschen teilen möchte.

Während des Schreibens hatte ich oft das Bild eines geflochtenen Butterzopfes vor mir. Der Teig wird aus zwei Strängen kunstvoll verknüpft. Hier nennt sich der eine Strang Ambivalenz und der andere Lächeln. Und ich versuche, die beiden Stränge *kunstvoll* und *einladend* zu flechten.

Kunstvoll: Kunst bedeutet Inspiration, Kreativität und – auch Ambivalenz, Vieldeutigkeit. Kunst bedeutet harte Arbeit und Offenheit für Neues, die sich im gelingenden Fall in einem kunstvollen Produkt zeigt. Kunst impliziert Hingabe und Liebe als Kern. Viele weitere Gefühle gehören dazu – solche, die uns anlächeln, und solche die unsere Gesichts- und Körpermuskeln verkrampfen lassen. Kunstvoll: Das ist die Art, diesen Kosmos von Wünschen und Ängsten in sich zu integrieren.

Einladend: Von einer Leserin oder einem Leser zu hören, dass ich sie in meinen Büchern an die Hand nehme und dass sie das schön und ermutigend finden, hat mich beim Schreiben bewegt. Es tut gut, sich auf schwierigen Pfaden gemeinsam zu bewegen, Erfahrungen auszutauschen und sich immer wieder zu ermutigen und Freude zu teilen. Jede und jeder ist eingeladen, sich mit den Themen der Zerrissenheit und des Lächelns auf eine Art und Weise auseinanderzusetzen, dass ein inneres Wachsen und Reifen möglich wird.

Es folgen nun in freier Abfolge Ausführungen zum Lächeln und zur Ambivalenz; und zum Lächeln als einer Möglichkeit, mit Ambivalenz umzugehen – und Frieden zu stiften. Eingeflochten in diese Texte sind fünf Einladungen dazu, sich mit Lächeln und Achtsamkeit zu beschäftigen. Diese Übungen können nach eigenem Gutdünken eingesetzt werden: zur besinnlichen Lektüre, zur Meditation, zum Nachdenken, zum Üben. Auch kann ein einzelner Satz, der dich anlächelt, herausgenommen und in den Alltag mitgenommen werden. Es sind Ermunterungen an die Leserin und den Leser, im meditativen Sinn am Thema dran zu bleiben und vielleicht auch eigene Übungen zu entwerfen, die zu achtsamem Lächeln und Friede einladen und hinführen.

1. Ein Lächeln schenken – ein Lächeln empfangen

Lächeln: Worum es geht

Ein Lächeln schenken: einem Menschen, sich selbst, einer Blume, dem blauen Himmel, dem halben Mond, dem neuen Tag. Einfach so. Wir nehmen Verbindung auf, nehmen wahr und freuen uns darüber. Wir können unsere Wünsche anlächeln und merken vielleicht, dass sie gar nicht in Erfüllung zu gehen brauchen. Oder wir merken, dass wir sie noch eine Weile hegen und pflegen möchten.

Lächeln bedeutet immer, eine Verbindung aufzunehmen. Und zwar eine liebevolle, achtsame, wohlwollende, friedvolle Verbindung – zu sich, zu anderen. Wir sind versöhnlich gestimmt. Auch dann, wenn wir beispielsweise aus irgendeinem Grund unruhig sind. Wir können unsere Unruhe anlächeln. Unserem Atem folgen. Das Licht unserer Achtsamkeit auf die Unruhe richten, geduldig, ruhig, sanft und liebevoll – bis sich die Unruhe allmählich auflöst. Bis sich Friede in uns einstellt.

Lächeln bedeutet: Verbindung, Beziehung. Und Lächeln bedeutet: Ja. Ja, es ist so. Ja, ich akzeptiere das. Und erst wenn wir etwas im Leben akzeptieren, erst dann können wir »es« und damit uns verändern. Tu, was dich anlächelt – und lächle zurück. Alles Negative im Leben anlächeln, einfach so, das geht nicht. Angelächelt werden und das zu erleben – auch das fällt einem nicht einfach in den Schoß. Tu, was dich anlächelt! Aber wie denn? Wach sein, offen sein, das Lächeln üben, auch die Ungewissheit anlächeln, die Angst, die Ambivalenz – das kann und darf gelingen.

Tun, was uns anlächelt – das klingt verheißungsvoll. Vielleicht steckt dahinter eine Liebeserklärung an das Leben. Wir schenken jedem neuen Tag und uns selbst Vertrauen. Wenn wir uns zu entscheiden haben, dann verschenken wir mit unserem Lächeln einen Vorschusskredit. Einfach so. Und wir versuchen nur das zu tun, was uns anlächelt.

Jeder neue Tage bringt uns an Aufgaben und Dinge heran, die wir tun müssen – und die uns nicht anlächeln und wir sie auch nicht. Es sind die sogenannten Pflichtübungen, die zu unseren Alltags-, Berufs-, Partner-, Eltern- und anderen Verantwortungen und Pflichten gehören. Sie sind unabdingbar. Die Frage ist, ob wir auch das Notwendige mit einem Lächeln bewältigen können. Es geht um die grundsätzliche, wohlwollend-liebevolle Haltung unserem Tun – und Lassen – gegenüber.

»Frieden ist jeder Schritt.
Die strahlend rote Sonne ist mein Herz.
Jede Blüte lächelt mit mir.
Wie grün, wie frisch alles ist, was wächst.
Wie kühl der Wind weht.
Frieden ist jeder Schritt.
Er verwandelt den endlosen Weg in Freude.«[1]

Bei diesen Worten sehen wir einen Menschen vor uns, der mit offenem, friedvollem Herzen durch eine Landschaft geht, staunt und sich freut. Freude an jedem Schritt, Freude an der Sonne und den Blüten, dem Wachstum und dem Wind. Freude an jeder kleinen und größeren Äußerung der Natur. Jede Blüte lächelt diesem Menschen zu und wir sind sicher, dass dieser Mensch jeder Blüte zulächelt. Es ist ein Bild des Friedens.

Kennst du das?
Möchtest du das erleben?

Es fängt mit einem Lächeln an.

Wir haben verschiedene Stimmen und Seiten in uns. Wem wir ein Lächeln schenken und was uns anlächelt, ist nicht immer eindeutig. Es kann mehrdeutig sein. Es scheint, dass sich diese Mehrdeutigkeit in unserer heutigen Gesellschaft verstärkt hat. Es werden so viele, teils widersprüchliche Erwartungen an uns gestellt. Zudem sind unsere Wahlmöglichkeiten gestiegen, und zwar in einem Maß, das uns täglich vor verschiedene Optionen stellt und damit überfordert. Gleichzeitig haben die Unsicherheit und auch die Ungewissheit darüber, was wir als Ergebnis zu erwarten haben, massiv zugenommen. Qual der Wahl. Mehrdeutigkeit anstelle von Eindeutigkeit. Verwirrung anstelle von Klarheit. Ein permanentes Gezerre von Gefühlen, aus dem wir herauskommen möchten. Man selbst erlebt sich widersprüchlich und die Welt sowieso.

Es gibt gar nichts zu lachen. Und zu lächeln auch nicht. Das meinen wir vielleicht.

Ein Beispiel: Rina erzählt, wie sie seit vielen Jahren meditiert. Es ist ihr inzwischen zu einem echten Bedürfnis geworden und sie merkt, dass sie gelassener und friedvoller geworden ist. Doch: »Es gibt keine Garantien für den inneren Frieden. Gestern war so ein Tag. Montagmorgen. Der Alltag und die Arbeit. Und einige Pannen am Computer. Unangenehme Mails. Und eine schmutzige Wohnung. Und ein Krankenbesuch, der sein soll, aber zentnerschwer aufs Herz drückt. Und eine Reise-Entscheidung, die nicht getroffen werden kann. Furchtbar. Ich erlebe selten solche Situationen, aber jetzt war das Elend da. Schwer auszuhalten in der Kumulation von Schwierigkeiten.

Was tun?

In Gedanken ging ich meine symbolische Werkzeugkiste durch.

Schritt für Schritt die Dinge anpacken? Das ging einfach nicht. Einen spirituellen Text lesen? Jetzt? Dann bliebe alles unerledigt liegen, meinte ich in diesem Moment. Meditieren? Das ging an diesem Morgen auch nicht. Die innere Unruhe war zu groß. Auch ins Fitnesscenter wollte ich jetzt nicht gehen. Nicht weglaufen. Mit einer Freundin telefonieren? Das ging und das tat gut, weil es der Freundin so gut ging. Es war ein Gespräch mit geteiltem Leid, das halbes Leid ist, und geteilter Freude, die doppelte Freude ist. Die Freundin hörte sich geduldig alle meine Probleme an und im Erzählen merkte ich, dass ihre Geduld, ihre Zuwendung und ihre Lebensfreude mich ansteckten. Ich spürte, dass ich leichten Herzens diesen Krankenbesuch machen wollte, Ja, ich wollte das. Noch während des Gesprächs begann es in mir zu lächeln. Ich lächelte meine Freundin an. Ich lächelte mich und mein Elend an. Das Elend begann sich zu verwandeln. Es war kein Elend mehr, sondern Alltag. Nach dem Telefon legte ich eine schöne Musik auf und fing, o Wunder, leichten Herzens zu putzen an. Ich versuchte mich mit warmem Herz auf den Krankenbesuch innerlich vorzubereiten. Ich steckte mir ein schönes Buch über Sterben und Tod in den Rucksack und staunte, dass es das gibt: eine Frau, Monika Renz, die mir auf dem Foto entgegenlächelt und in ihrem Buch »Hinübergehen« von Verstehen, von Staunen und von seelischem Wachstum spricht.

Nun würde ich die Reise-Entscheidung fällen. Ich lebte und war gesund. Wie hatte doch meine Freundin am Telefon gesagt: »Wir sind, was wir denken.« Kein Rezept für alle schwierigen Situationen, aber eine tiefe Weisheit. Und sie hatte noch gesagt, ich solle nach unserem Gespräch meinem Spiegelbild im Spiegel freundlich entgegenlächeln.

Viele heutige Menschen leiden darunter, dass sie Mühe haben, sich zu entscheiden. Sie können in für sie wichtigen Themen keine klare Position einnehmen. Sie sind hin- und hergerissen zwischen verschiedenen Positionen und Perspektiven und fühlen die Not, nicht zu einer Klarheit zu gelangen. Wenn sie sich dann endlich aufraffen, meldet sich möglicherweise eine andere innere Stimme, die gerade wieder für das Gegenteil der vermeintlich getroffenen Entscheidung steht. Das kann verunsichernd und zuweilen auch qualvoll sein. Vor allem dann, wenn ein Mensch denkt, dass er die *eine* Klarheit unbedingt haben müsste. Das Lachen und das Lächeln sind einem dabei schon längst vergangen.

Mir geht es um einen neuen Blick auf dieses Gezerre, auf Zerrissenheit und Widersprüche. Und auf die verschiedenen Möglichkeiten, daraus herauszukommen: persönlich, in Beziehungen, in der Familie, im Alltag. Es ist ein versöhnlicher Blick: ja, wir Menschen stehen immer wieder an unübersichtlichen Wegkreuzungen. Ja, das Leben zerrt. Die Widersprüche drohen uns aufzureiben. Der neue Blick achtet auf das halb volle, und nicht auf das halb leere Glas. Er achtet auf die Fülle und nicht den Mangel. Er achtet auf die Vielfalt, die Reichtum bedeuten kann.

Der neue Blick wird von einem Lächeln begleitet.

Empfangen und schenken. Schenken und empfangen.
Nehmen ist seliger als Geben.
Ich nehme mir ein Lächeln und schenke es dir.
Und ich beschenke gleichzeitig mich.
Es geht um die Balance.
Balance ist Frieden.

Die versöhnliche Lebenshaltung

Seit vielen Jahren plädiere ich für eine versöhnliche, liebende Lebenshaltung – sich selbst und den anderen gegenüber. Das Leben ist ein Geschenk und eine unerhörte Herausforderung. Selbst dann, wenn alles beschwerlich ist, sich schmerzvoll anfühlt, selbst wenn es für eine Weile einfach vor allem wehtut und als Zumutung erlebt wird: Das Leben will gelebt und das Leiden gewürdigt werden.

»Ich bin eine Vagabundin. Mein Haus ist die Welt. Mir gefällt es überall. Das Leben ist eine Vagabunderei. Ich kann überall glücklich oder unglücklich sein. Ich möchte glücklich sein«, singt eine Freundin in einem ihrer Lieder.

Eine andere Freundin hat mir vor Jahren erzählt, dass ihr ihre Mutter in den letzten drei langen Jahrzehnten ihres Lebens immer wieder geklagt habe, wie schwer doch das Leben und insbesondere das Älterwerden sei. »Es isch kän Schläck« (Es ist kein Schleck; es ist nicht einfach). Da beschloss die Tochter, ihr Älterwerden werde »en Schläck« werden; es werde gelingen. Es wurde zu ihrem Lebensmotto fürs Alter.

Meine Freundin ist nun Mitte siebzig, gesund, lebensfroh, kreativ und glücklich. Als sie kürzlich schwer krank war, hat ihr das Lebensmotto entscheidend geholfen, den Lebensmut zu behalten.

Wir können uns jeden Morgen entscheiden, ob wir glücklich oder unglücklich sein wollen. Das ist doch unglaublich. Das Glück kommt von innen, nicht von außen.

Der Friede kommt auch von innen, aus der Achtsamkeit, aus der Freude.

Nun wage ich eine Erfahrung zu äußern, die nicht unwidersprochen bleiben wird. Wir ganz gewöhnlichen, mehr oder weniger normalen und gesunden Menschen – ich stelle mir meine Leserinnen und Leser vor – machen uns das Leben oft schwerer, als es ist. Und ich höre schon: Das Leben IST schwer. Wie sagte meine Mutter immer: Das Leben ist »'ne Hühnerleiter; man kommt vor lauter Dreck nicht weiter«. Ja, da vergeht einem das Lächeln.

Wir machen uns das Leben schwerer, als es ist? Ist es nicht naiv oder größenwahnsinnig zu meinen, wir können uns jeden Tag für die Qual des Lebens oder für die Fülle des Lebens entscheiden? Vielleicht ist es vermessen. Ich wage es. Ich schenke jedem neuen Tag von Herzen ein Lächeln. Einfach so. Seitdem ich an diesem selbst gewählten Text arbeite, lächle ich mehr und bewusster. Überall. Auf der Straße, in der Praxis, beim Einkaufen, wo es sich ergibt. Und es wirkt Wunder. Es stimmt mich heiter. Ich fühle mich verbunden. Und mein Lächeln wird beantwortet.

Es geht in diesem Buch um das Lächeln. Und um Lebenszustände, in denen das Lächeln nicht so leichtfällt: Zerrissenheiten der Gefühle, Widersprüche in sich, Mehrdeutigkeiten anstatt Eindeutigkeiten. Wenn ich mich an das monatelange Ringen um diesen Text erinnere, dann schenkte ich auch der Zerrissenheit – soll ich es wagen oder nicht? – ein Lächeln. Sonst wäre ich wohl verzweifelt oder hätte alles weggeschmissen.

Es interessiert mich brennend, wie die Menschen mit sich und mit anderen Menschen umgehen. Es berührt und bewegt mich, was in der Gesellschaft, auf unserem Planeten, in den Menschen und mit den Menschen vor sich geht. Jeden Tag. Jede Nacht. Ständig. Die Zeit, in der wir leben, prägt mich. Ich gehöre dazu, zum großen Ganzen. Ich bin eine Zeit- und Menschen-Genossin. Weil mich das alles angeht, versuche ich so viel wie möglich zu verstehen. Ich bin Zeugin. Und ich bin Akteurin.

Durch meine therapeutische Arbeit bin ich täglich aufgefordert, mich auf die andere Seite zu stellen, auf die Seite meiner Klientinnen und Klienten – und gleichzeitig gut und aufmerksam bei mir zu sein. Das ist bereichernd und befreiend. Ich lasse mich gerne auf alle möglichen und unmöglichen Themen ein. Nicht immer erkenne ich meine eigenen Lebensthemen selbst. Manchmal werden sie mir erst bewusst, wenn ich mich auf die andere Seite stelle und jemand zu verstehen versuche, »indem ich in seine Mokassine steige«. So erging es mir mit dem Thema Ambivalenz. Widersprüchlichkeit. Zerrissenheit.

Ambivalenz – was für ein Wort. Ambivalenz als Qual. Sich nicht entscheiden wollen und können. Gefangen sein, und nicht wissen, welchen Weg wir einschlagen wollen. Das ist die eine Seite. Ambivalenz als Fülle – das ist die andere Seite. Wählen oder laufenlassen? Lachen oder weinen? Anlächeln oder angelächelt werden? Beides eben. Beides ist gleichwertig. Der achtsame Blick wertet nicht. Die Spannung aushalten. Keine voreiligen Vereinfachungen. Wir alle haben – mindestens – zwei Seelen in unserer Brust. Oder mehr. Wir haben innere Kinder, die sich Gehör verschaffen wollen. Viele sind wir.

Wenn einem kleinen Kind etwas Unerwartetes, Überraschendes geschieht – es verliert das Gleichgewicht, es erschrickt, ein plötzlicher Lärm irritiert –, so weiß es gar nicht, was es fühlen soll. Soll es lachen oder weinen? Soll es sich fürchten oder sich freuen? Im kleinen Gesicht kann sich alles miteinander ankünden: lachen und weinen, Furcht und Freude. Und vor allem Ratlosigkeit. Vielleicht schaut sich das Kind nach einer erwachsenen Person um, in deren Gesicht es lesen könnte, was nun angebracht ist. Der Erwachsene ist leitend und Vorbild in der Erziehung der Gefühle.

Soll ich jetzt lachen oder weinen? Das können sich auch Erwachsene fragen. Nicht nur Kinder. Manchmal geht ein Lachen in ein Weinen über. Oder ein Weinen in ein Lachen. Die beiden sind nahe beieinander. Und diese emotionalen Ausbrüche sind ja auch schon hoch ambivalent. Einerseits geschehen sie uns, wir erleiden sie. Andererseits können wir versuchen, sie ein bisschen zu kontrollieren – weil eben auch die soziale Kontrolle eine Rolle spielt in solch emotionalen Situationen.

»Durch die andere Seite« – meine Freundinnen und Freunde, meine Familie, meine Klienten – bin ich unausweichlich auf die Ambivalenz, auf die Zerrissenheit gestoßen. Und ich habe sie dadurch auch bei mir selbst klarer wahrnehmen und grundsätzlich bejahen können. In meiner psychotherapeutischen Praxis kommt mir die Ambivalenz vorerst fast ausschließlich als Qual, als schwer erträgliche Zerrissenheit entgegen. Und hier, an dieser Stelle, setzt mein folgender Text ein. Ich erfahre, dass Ambivalenz ausgehalten werden kann. Und sie kann von der Qual zur Fülle werden. Und weil es möglich ist, die Qual in Fülle zu verwandeln, habe ich eines meiner Lieblingsthemen als roten Faden in den Text eingebaut: das Lächeln. Es mag simpel klingen, wenn ich empfehle, die Qual anzulächeln. Doch habe ich ein ganzes Buch lang Zeit und Raum, um das zu erläutern – und um die Leserin und den Leser zum Lächeln einzuladen. Tu, was dich anlächelt.

Wir alle haben viele unterschiedliche Stimmen in uns. Später werden wir in diesem Buch darüber lesen, wie diese verschiedenen Stimmen in uns zu verschiedenen Ich-Zuständen von uns gehören. Viele sind wir. Alle diese Stimmen wollen gehört werden. Alle haben sie uns etwas zu sagen, selbst wenn sie sich widersprechen. Ich fühle die unterschiedlichen Stimmen. Und dazu die Qual, diesen Stimmen ein Ohr zu leihen oder mich gar für eine Option zu entscheiden. Eines wurde mit der

Zeit klar: Ich wollte es versuchen, und zwar im Erleben von Zerrissenheit als Qual bis hin zur Fülle. Und zum Lächeln. Ich darf wählen.

Kann ich es?

Das Lächeln hat mich seit je fasziniert.

Ich erlebe, dass ein versöhnlicher, liebevoller Blick auf das Leiden in uns eine ungeahnte Wirkung haben kann. Ich akzeptiere. Ich nehme an. Ich kann mich erst verändern, wenn ich mich annehme.

Wer bewusst andere anlächelt und darauf sensibilisiert ist, wer und was ihn und sie anlächelt – dieser Mensch erlebt eine höhere Lebensintensität jenseits von Verpflichtungen, Zwängen, Ängsten, Zwiespältigkeiten: jetzt, in diesem Augenblick. Wie sagte doch Henry de Montherlant: »Le malheur est presque toujours le signe d'une fausse interprétation de la vie« – »Das Unglück ist fast immer das Zeichen einer falschen Interpretation des Lebens.« In anderen Worten formuliert: Stolpersteine im Leben liegen meist in zu hohen Erwartungen, in Wunschbildern und Träumen, wie es sein *sollte* – und nicht ist. Unglücklichsein ist nicht die Frage der Lebensumstände, sondern der geistigen Befindlichkeit und Übung.

Man scheitert meistens nicht am Realen, sondern an den Illusionen.

Am Anfang ein Lächeln

»Die Mutter verzieht den Mund zu einem Lächeln, worauf das Baby die Lippen entspannt und leicht den Mund öffnet. Die beiden lächeln sich an. Dann strahlt das Baby und bewegt den Kopf zur Seite, fast so, als wollte es flirten.«[2]

Säuglinge kommen mit einem Schrei, einem Luftholen zur Welt und noch nicht mit einem Lächeln. Doch bereits wenige Stunden nach der Geburt imitiert ein Baby den mimischen Gesichtsausdruck des Gegenübers. Es streckt die Zunge heraus, runzelt die Stirn, bewegt die Lippen – und lächelt. Der Gesichtsausdruck belebt sich und erzeugt im Baby Empfindungen, die denen des Gegenübers entsprechen – und umgekehrt. Die Lächelspiele sind die vorsprachlichen Gesprächsrunden und dienen dem Kennenlernen und der Verständigung. Es ist Kommunikation auf der einfachsten Ebene und zugleich von einer wundersamen Komplexität. Beides. Ambi-valenz, direkt aus dem Lateinischen übersetzt wäre es die »Von zwei Seiten-Kraft«.

Nicht zufällig spricht man vom Kindchenschema und von der Babysprache. Babys verleiten Erwachsene zu einem melodischen, freundlichen Sprechen in einer eher hohen Stimmlage. So kommunizieren Baby und Erwachsene mit Blicken, Berührungen, Lächeln und eben diesem Babysprechen. Sie führen ein Gespräch ohne Worte, beziehungsweise das Baby gurrt und gibt Laute von sich. Es geht um Gefühle, um Harmonie, um Vertrauen, um Beruhigung und Zuneigung. Im guten Fall sind die beiden einander zugewandt und glücklich. Im Augenblick. In der gefühlsmäßigen Abstimmung und Harmonisierung. Dies sind die Momente, die Verbindung und Beziehung stiften.

Und natürlich kann es anders laufen. Nicht alle Kinder sind erwünscht. Nicht jede Zeugung, Schwangerschaft und Geburt laufen unter guten Umständen ab. Es ist immer ein Wunder, wenn das Zusammenspiel gelingt und die Freude wechselseitig ist.

Die Neugeborenen sind sensible und starke kleine Wesen zugleich. Es gibt Untersuchungen darüber, wie beispielsweise das Baby reagiert, wenn das Gesicht der Mutter plötzlich, aus irgendeinem Grund, erstarrt. Das Baby erschrickt, weint, zieht sich zurück. Die Abstimmung aufeinander besteht nicht mehr. Das Baby ist abhängig vom Gesichtsausdruck der Mutter, der anderen.

Ein Beispiel: Goleman berichtet von einer Situation im Supermarkt, als er selbst 2- oder 3-jährig war. Eine fremde Frau lächelte ihm als süßem kleinem Jungen zu. Er hat nie verges-

sen, dass sein Gesicht sich ebenfalls zu einem Lächeln verzog. Kein gewolltes Lächeln. Der erwachsene Forscher Goleman wird darüber berichten, wie ihn diese Frau im Supermarkt zu einem Lächeln gezwungen hat; und dass ihn das auf eine Art getroffen hat, die er nie vergessen hat.[3]

Dies ist hirnbiologisch erklärbar. Die sogenannten Spiegelneuronen in unserem Hirn lösen den Impuls zur Imitation aus. Unwillkürlich. Sie sorgen dafür, dass Gefühle ansteckend sind. Und letztlich bilden sie die Basis unseres menschlichen Lebens als soziale, aufeinander bezogene Wesen. Wir sind im besten Fall durchlässig, beeinflussbar, im Kontakt, im Austausch. Im unguten Fall werden unsere Gefühle ausgebeutet, wir fühlen uns beraubt. Das obige Beispiel zeigt dies auf.

Man spricht oft von Mutterliebe und Mutterhass – selten von Vaterliebe und Vaterhass. Bei Müttern wird durch die Nähe zum Kind eine differenziertere Sensibilisierung für Ambivalenzerfahrungen sowie für den Umgang damit angenommen. Doch die Geschlechtsrollen und die Kinderbetreuung sind im Wandel. Wir befinden uns in einer historisch neuen Phase, in der sich zunehmend Väter wie nie zuvor um ihre Kinder bemühen.

Die Spuren, die unsere Kindheit in uns hinterlässt, sind vor allem in unserem Bindungssystem zu beobachten; in neuronalen Netzen, die ein Leben lang immer ins Spiel kommen, wenn wir mit Menschen umgehen, die uns wichtig sind. Sichere Bindung als Kind bedeutet später ein Gefühl der Sicherheit, weder Anklammern noch Wegstoßen. Bei früher Vernachlässigung und Missachtung ergeben sich Ängstlichkeit und Vermeidungsverhalten in Beziehungen. Bei ambivalenter Bindung resultieren Wut und Zärtlichkeit, Ängstlichkeit und Unsicherheit.

Die Disposition zum Lächeln ist angeboren, bedarf aber der Aktivierung. Lächeln ist kulturunabhängig. Das kulturspezifische Moment zeigt sich im Gebrauch und der Interpretation von Lächeln.

Aus Forschungen ist bekannt, dass ein Kind in der Regel vierhundert Male lächelt am Tag. Beim Erwachsenen sind es täglich noch fünfzehn bis zwanzig und am Arbeitsplatz vier bis sechs Male.[4] Am Anfang des Lebens ein Lächeln, viele Lächeln – danach wenige Lächeln.

Und ein kleiner technischer Exkurs:

Der Forscher Paul Ekman hat in einem Selbstversuch achtzehn verschiedene Arten des Lächelns herausgefunden. Sie werden von fünfzehn Gesichtsmuskeln in unterschiedlicher Kombination dann hervorgerufen, wenn für die betreffende Person eine Neigung zu einem Lächeln verspürt wird. Lächeln ist also psychologisch und physisch höchst nuancenreich. In der Regel bedeutet Lächeln, eine Verbindung aufzunehmen, bedeutet Freude, Wohlwollen, Freundlichkeit.

Ekman war noch der Meinung, dass sich die global verbreiteten Emotionen Glück, Trauer, Wut, Angst, Überraschung, Ekel und Verachtung auf der ganzen Welt in derselben Weise in den Gesichtern ausdrücken. Heute geht man von klaren kulturellen Unterschieden aus; insbesondere zwischen westlichen Ländern und Ostasiaten. Europäer orientieren sich am Gesichtsausdruck als entscheidendes Fenster zu den Gefühlen. Ostasiaten achten mehr auf die Stimme und können sich hinter einem Lächeln verstecken.[5]

Lächeln, wenn es schwierig ist

Alles, was aus Liebe zustande kommt, lebt.
Anne Michaels

Wir ersehen aus den Schilderungen über die Anfänge des Lächelns, dass ganz vieles in den frühesten Beziehungen stimmen muss, damit ein Kind lächelt. Damit ein später erwachsener Mensch eine so liebevolle und sichere Bindung ans Leben, an Menschen, an die Natur hat, dass er lächeln und anlächeln kann. Und dass er von Menschen und Dingen angelächelt werden kann – achtsam, wach.

Doch auch im Erwachsenenalter gibt es gottlob ja noch Möglichkeiten, Defizite aus der Kindheit ein Stück weit auszugleichen: durch gute Beziehungen, sei es eine Freundin, ein Lebenspartner, eine Therapeutin.

Wie kommen wir dazu, zu lächeln und angelächelt zu werden? Wir Menschen von heute, die in vielen, allzu vielen Verpflichtungen stecken, die so viel wollen und sollen und müssen. Wir, die wir uns in der unübersichtlichen Mannigfaltigkeit und Zufälligkeit unseres Lebens zurechtzufinden haben. Wir, die wir mit einer ungemeinen Dichte an Kommunikation und an Menschen umzugehen haben. Dichtestress. Wir, die wir ambivalente Bedürftigkeiten spüren, die uns manchmal nicht bewusst sind, und uns manchmal zerreißen. Wollen wir uns anlehnen oder freistrampeln? Wollen wir Stille haben oder im Strom schwimmen? Oft scheint es auch schwierig zu klären, ob die Verpflichtungen von innen, von uns aus kommen oder uns scheinbar oder wirklich von außen zugemutet werden. Und schon gar nicht klar ist, wie wir diese Ambivalenzen und Verpflichtungen überwinden und verwandeln können.

Ein Beispiel. Ich gehe auf einer fremden Straße dahin. Die Umgebung wirkt etwas unheimlich. Ein Mann kommt mir entgegen. Es ist eine ängstigende Situation. Was soll ich tun oder lassen? Den Gehsteig wechseln? Einfach meinen Weg fortsetzen? Ich setze meinen Weg fort. Was sonst? Der Mann, der mir entgegenkommt, ist nun schon recht nahe. Ich erkenne sein Gesicht und darauf ein breites Lächeln. Und schon ist er vorbei. Ich atme auf. Er hat mir wohl meine Angst angesehen und mit seinem Lächeln Entwarnung geben wollen: Es ist alles gut.

Und ein weiteres Beispiel. Meine Freundin Cristina sitzt wartend in ihrem Auto. Die Scheiben sind heruntergelassen. Es ist das Stadtzentrum von Johannesburg in Südafrika, ein kriminalitätsgebeutelter Ort. Ein schwarzer Mann nähert sich. Cristina ist sofort hellwach, angespannt. Ihr Gesichtsausdruck muss sich verändert haben. Der schwarze Mann sagt: »Sie glauben bestimmt, dass ich sie ausrauben will, Madam. Dem ist aber nicht so. Ich wollte nur fragen, ob sie einen Gärtner brauchen.«[6]

Der Riese Tur Tur ist umso größer je weiter weg er ist. Wenn man Tur Tur von Weitem sieht, ist er riesig. Doch er ist ein Schein-Riese. Wenn man näher kommt, wird er immer kleiner. Wenn wir vor ihm stehen, ist er gleich groß wie du und ich. Tur Tur ist ein Schein-Riese. Und er ist sehr einsam. Und wenn er einsam und weit weg ist, dann ist er eben riesengroß und macht allen Angst. Er sehnt sich so nach Nähe. Aber erst wenn jemand wagt, ihm näher zu kommen, merkt er, dass der Riese nur ein Schein-Riese ist – der Nähe sucht, und ein Lächeln, und Zuneigung.[7]

»Siehst du den Mond dort stehen? Er ist nur halb zu sehen und ist doch rund und schön. So sind wohl manche Sachen, die wir getrost belachen, weil unsere Augen sie nicht sehn«, befand Matthias Claudius.

Was wir wahrnehmen, ist oft anders, als wir meinen. Unsere Wahrnehmung ist begrenzt.

Unsere Gefühle setzen uns Grenzen. Angst schüchtert ein. Misstrauen engt ein. Wir sind oft zerrissen, widersprüchlich, ambivalent. Sollen wir nun das eine oder das andere tun? Uns dem Mann auf der Straße und dem Riesen Tur Tur nähern oder ihm ausweichen? Wie entscheiden wir uns? Erleben wir die Zerrissenheit nur als Qual und entscheiden uns aufgrund unserer Angst zu Flucht oder Standhalten?

Wir Menschen sind keine Zauberer. Viele von uns haben schwere Lasten aus den frühesten Lebensmonaten, aus Kinder- und Jugendjahren zu tragen. Ich erlebe in meiner Praxis und in meinem Leben täglich das Leiden von Mitmenschen, die in ihren frühen Jahren zu wenig Liebe und Betreuung erfahren haben. Die Belastungen drohen jede Lebensfreude zu erdrücken. Hinzu kommt, dass die Ängste, Sorgen und Nöte, die Zwiespalte und Vorwürfe, die sich Menschen oft machen, ungleich stärker wiegen als die faktische Situation. Es ist damit eine doppelte Belastung, die erlebt wird: die reale schwierige Situation und die Sorgen und Illusionen, die ein Mensch sich macht und die sich zu verselbstständigen drohen. In solchen Situationen ist eine therapeutische Behandlung empfehlenswert. Es braucht eine kompetente, wohlwollende Begleitung, um sich seinen Problemen anzunehmen.

Anstehende Probleme werden von den meisten Menschen von der negativen Seite, von der Abwehr her betrachtet. Ich plädiere für den Blick auf die Fülle, auf das Mögliche, auf die Wünsche und nicht auf die Abwehr.

Das Lächeln: Es wird auch ins Lächerliche gezogen. Wieso eigentlich? »Lächle oder stirb«, heißt Barbara Ehrenreichs Buch über die von ihr behauptete Verdummung der Welt durch die Ideologie des positiven Denkens. Sie ist nur eine von ganz vielen, die das Lächeln mit dem positiven Denken gleichsetzen und das Kind mit dem Bade ausschütten. Lächeln ist auch nicht einfach Glück und schon gar nicht Verdummung. Lächeln meint, eine achtsame, friedvolle Beziehung aufzunehmen: zu sich, zu anderen.

Ein Lächeln schenken – auch dem Gezerre von Gefühlen in uns, auch den Widersprüchen, den Ambivalenzen in uns, den Nöten und Ängsten, die ebenso zu unserem Leben gehören wie das Lächeln. Es sind nicht nur die Wehen und Qualen in unserem Innern, die uns oft das Lächeln und Lachen vergessen lassen. Oft ist zu viel da. Platzmangel, Dichtestress, Erschöpfung und noch vieles andere, was nicht einfach angelächelt werden kann.

Wir leben in einer Welt voller Gewalt, mit Einschüchterung, Unterdrückung, Armut, Vertreibung. Die tägliche Zeitungslektüre, das Radio anhören, die Bilder im Fernsehen – sie offenbaren uns ein Schreckenskabinett, dringen in uns ein, erschrecken und beelenden uns.

Da klingt es verwegen, sich mit dem Lächeln zu beschäftigen. Tun wir es trotzdem.

Nicht mit dem TV-Lächeln, nicht mit den Verlogenheiten und Raffinessen, nein, mit dem Lächeln, das von Herzen kommt.

Was heißt das? Wir suchen die Stille. Wir achten auf unseren Atem. Wir üben uns in Mitgefühl, in Solidarität. Wir sind da. Das Lächeln entsteht im Herzen.

Ein Lächeln schenken: Das ist das Gegenmittel zum Gift der Gewalt und Gewaltrhetorik, zu den täglichen Szenarien von Katastrophen – von Menschen gemachten und naturbedingten. Oder wie es Barack Obama bei der Trauerfeier der Mordopfer von Tucson in Arizona im Januar 2011 sinngemäß ausgedrückt hat: Durch das Gedenken der Mordtat soll unser Instinkt der Empathie geweckt werden. Wir haben angesichts der sinnlos Ermordeten die Aufgabe, zu besseren Menschen zu werden, eine bessere Welt zu schaffen. Und wir sollen auf der Höhe dessen sein, was – als ein Beispiel – die am 11. September 2001 geborene Christina, jetzt ermordet, vom Leben und von den Menschen erwartet hat.

Ein Lächeln schenken. Schon immer haben mich lächelnde Buddhas fasziniert. Es ist ein Lächeln, das von innen her leuchtet. Die Fröhlichkeit ist ansteckend, denn manche Buddhas lachen aus vollem Hals. Beide rühren mich an, diejenigen, die selbstvergessen und geheimnisvoll lächeln und jene, die lachen. Der lächelnde Buddha steht für innere Freiheit und Heiterkeit. Der christliche Erlöser, Jesus, wird fast nur als Leidender und Schmerzensmann dargestellt. Er hängt am Kreuz und hat ein leidendes, gemartertes Gesicht. Weder Lächeln noch Lachen sind da angebracht.

Es gibt den Jesus der Bergpredigt des Neuen Testaments, der in ähnlichem Sinn wie Buddha Frieden und Versöhnung vermittelt hat. Jesus und Buddha haben Berührungspunkte, Überschneidungspunkte.

Doch es ist der Schmerzensmann, dessen Bild unsere Kultur prägt. Es sind die Drohungen von Hölle und Himmel, die die Kirchen zieren. Bei Jesus lässt sich kein Lächeln lernen. Kein Wunder, dass zunehmend Menschen aus dem Westen nach Osten blicken: zum lächelnden Buddha. Vielleicht gibt es ja einen Zusammenhang zwischen allen diesen schrecklichen Höllendarstellungen, mit denen Menschen über Jahrhunderte eingeschüchtert wurden, und der Gespaltenheit in unseren Köpfen: Man kann gleichzeitig lieb und böse sein. Man übt Gnade, solange die Untertanen gefügig sind – und man ist unerbittlich zu den Feinden. Der »liebe Gott« lässt beim Jüngsten Gericht fast seine ganze Schöpfung in Flammen aufgehen.

Jesus lächelt nicht. Manchmal, nur selten, lächelt die Madonna mit dem kleinen Jesus auf dem Schoß. Meistens ist auch Maria mit ernstem Gesicht zu sehen. Das Christentum erscheint als eine todernste Sache; nicht immer, aber oft und prägend, jedenfalls wie es noch bis vor Kurzem vermittelt wurde. Jesus hat uns das Lächeln nicht vorgemacht.

»Frieden ist jeder Schritt. Er verwandelt den endlosen Weg in Freude. Die strahlende Sonne ist mein Herz. Jede Blüte lächelt mit mir. Frieden ist jeder Schritt.« Diese bereits eingangs erwähnte Aussage von Thich Nhat Hanh lächelt mich an. So möchte ich leben, verbunden mit mir, verbunden mit allem und jedem auf dieser Erde. Mit einem Lächeln, das von innen, vom Herzen kommt. Auch wer gern und oft lächelt, ist nicht immer in Stimmung dazu. Ja, selbst dann, wenn es schwierig ist zu lächeln, selbst dann können wir uns darin versuchen. Wir werden immer wieder auf dieses Thema kommen im Text. Ich habe es selbst probiert, über längere Zeitstrecken, immer wieder. Es geht mit dem Lächeln. Vielleicht ist es manchmal ganz klein, aber es ist ein Lächeln. Oder eine Andeutung. Und es verwandelt uns. Der Schlüssel zum Lächeln ist die Achtsamkeit, ist die Behutsamkeit jedes Schrittes, jeder Geste, ist die Präsenz, das im Hier und Jetzt sein.

Wenn Lächeln sein *muss*, dann funktioniert es in der Regel nicht. Dann ist es ein angestrengtes Lächeln. Oder aufgesetzt, erzwungen, künstlich, unecht. Dann ist es eine Fratze, eine Grimasse. Lächeln kann unschön sein: hämisch, nachtragend, böse.

Es gibt Menschen, die gar nicht lächeln und schon gar nicht lachen mögen. Ihnen ist buchstäblich das Lachen vergangen. Wir werden einige Stimmungen beleuchten, die dies ausdrücken. Wir werden den verschiedenen Arten von Lächeln nachgehen. Und wir werden den inneren Zusammenhängen von Lächeln und Nicht-Lächeln nachgehen, zumal in schwierigen Lebenssituationen, wenn das Leben an einem zerrt, wenn sich Zwiespalte wie Erdspalte öffnen und einen zu verschlucken oder zu zerdrücken drohen. Wenn die Bedürftigkeiten – eingestanden oder verdrängt – enorm sind.

Es gibt viele Menschen, die sich als harmoniebedürftig bezeichnen. Sie scheuen Konflikte und suchen Verständnis, Harmonie. Und es gibt die anderen, die bewusst oder unbewusst, Spannungen suchen, Diskrepanzen. Muss man sich denn wirklich für das eine oder andere entscheiden? Es gibt ja das eine nur mit dem anderen. Harmonie setzt Spannung voraus und Spannung Harmonie. Es gilt die Ambivalenz auszuhalten. Ähnlich ist es mit der Lust. Lust ist nicht einfach Harmonie und Entspannung. Lust ist auch Erregung und Spannung. Und ja, Sexualität hat auch mit Kraft, mit Gewalt zu tun und nicht bloß mit Zärtlichkeit. Wenn wir die Ambivalenzen in uns vereinen können, wird das Erleben intensiver.

Ein Lächeln empfangen.

Was fällt uns leichter: das Schenken oder das Empfangen? Das ist eine aufschlussreiche Frage, wenn wir uns selbst besser verstehen möchten.

Den meisten Menschen fällt das Schenken leichter. Sie möchten großzügig sein, großzügig erscheinen, niemand etwas schuldig sein, frei sein.

Empfangen erscheint problematischer. Etwas geschenkt bekommen kann abhängig machen. Es kann in Zugzwang bringen, dass man danach auch etwas schenken muss.

»Geben ist seliger denn Nehmen.« Es gilt einfach zu bedenken, dass Geben und Nehmen in einer Balance sein sollten. Sonst werden Abhängigkeiten gefürchtet oder erzeugt.

Ambivalentes Lächeln

In unserer professionalisierten Gesellschaft gibt es viele Berufe, die ein professionelles Lächeln erfordern, das nichts zu tun hat mit der Befindlichkeit des lächelnden Menschen. Es wird ein äußeres Lächeln manifestiert, das nichts mit dem inneren Lächeln zu tun hat. Es ist bekannt, dass dies beispielsweise von Flugbegleitern, Models und anderen außerordentlich entfremdend erlebt werden kann. Es geht um ein Verhalten nach Drehbuch, das nichts zu tun hat mit Achtsamkeit, Authentizität, sein Gefühl ausdrücken. Das Innen, das Erlebte, hat wenig zu tun mit dem Erwarteten, dem Außen. Es ist eine Ambivalenz, die schwer auszuhalten ist und vermutlich auf die Länge nicht guttut.

Ist es denn eine reine Maskerade, ein falsches Spiel, eine Lüge, wenn uns beispielsweise ein Kellner beim Servieren anlächelt? Die würdevolle Zurückhaltung des Kellners ermöglicht ihm selbst im besten Fall effiziente Arbeit. Sie schützt ihn vor neugierigen Fragen der Gäste und schafft zugleich eine Privatsphäre für die Gäste. Sie können und dürfen sich aufeinander konzentrieren und eine Dienstleistung entgegennehmen. Das Lächeln kann also den Kellner und die Gäste schützen. Der Kellner ist frei für seine eigenen Gedanken und Fantasien, und die Gäste sind frei für ihren privaten Austausch. Was wir als Basis dieses geregelten Austauschs von Lächeln zu akzeptieren haben, ist unsere arbeitsteilige Dienstleistungsgesellschaft.

Ambivalentes Lächeln im nicht professionalisierten Rahmen ist heikler. Das Gezerre der Gefühle manifestiert sich beispielsweise in einem Lächeln, das zugleich freudig und hämisch sein kann. Oder scheinbar versöhnlich und zugleich bitter. Ambivalenz. Gezerre. Nicht eindeutiges Lächeln. Der Januskopf – das Doppelgesicht – lächelt auf unterschiedliche Weise.

Das berühmt gewordene geheimnisvolle, ambivalente Lächeln der Mona Lisa wird nach den jüngsten Forschungen als

Krankheitssymptom betrachtet. Nachdem sich Generationen von Forschern über dieses Lächeln den Kopf zerbrochen haben, wird es banalisiert. Das Geheimnis wird vertrieben.

Ein Beispiel: Ernst kennt es, das sauer-süße Lächeln seines Chefs. Manchmal hat das Süße Oberhand, und der Chef erkundigt sich mit gekünstelter Stimme nach Ernsts Gesundheit, nach seiner Familie. Es sind Themen, die Ernst vor dem Chef gar nicht ausbreiten will. Es ist seine Privatsache. Er hat keine Lust zu erzählen.

Doch dann kippt der Chef ins Saure. Er fängt an zu kritisieren und zu fordern. Alles mit einem fiesen Lächeln. Das ist für Ernst das Schlimmste. Früher hat er da Mordgedanken entwickelt. Einmal war er nahe dran, zu kündigen.

Eines Tages hat er dieses sauer-süße Lächeln als Sache des Chefs deklariert, das ihm, Ernst, gleichgültig ist. Die Wellen beruhigten sich. Zuerst bei Ernst. Er konnte mehr und mehr souverän mit der Situation umgehen. Zu Ernsts Erstaunen hat sich auch der Chef in der Folge zurückgehalten ihm gegenüber.

Ein weiteres Beispiel: Erika kennt das bewundernde, beneidende Lächeln ihrer Freundin gut. Das Zusammenspiel beider Lächeln hat Erika lange Jahre lang die Freude an neuen Kleidern, an guten Arbeitsleistungen, an selbst zubereitetem feinem Essen vermiest. Sie konnte mit dem neidischen Teil des Lächelns nicht umgehen. Sie konnte ihre Freundin aber auch nicht sein lassen. Etwas Tiefes verband sie miteinander.

Erikas Hoffnung war die Einsicht der Freundin in Erikas ganz und gar normales, nachvollziehbares Gelingen. In die Überwindung ihres Neids.

Erst als die Freundin einen neuen Freund hatte, in den Erika auch verliebt war – erst dann erlebte Erika, wie sich Neid anfühlt. Es gefiel ihr gar nicht. Doch es half ihr in der Bewältigung des Neids. Sie schaffte mehr Distanz zur Freundin, um nicht ständig in Versuchung zu sein, ihrerseits bewundernd, beneidend zu lächeln. Sie richtete sich auf neue Bekanntenkreise aus.

Das Lächeln ist vielfältig. Es ist versöhnlich, liebenswert, ambivalent, schwierig, friedlich. Lächeln ist Lebensausdruck, ist Lebensenergie. Lächeln ist Leben.

Das Nachdenken und Erspüren gibt und braucht viel Raum. Raum auch zur Reflexion, zum Üben – von Lächeln bei sich selbst. Dazu möchte die folgende erste Einladung zur Übung von *Lächeln und Achtsamkeit* hinführen.

Einladung: Lächeln und Achtsamkeit I
Mach Lächeln zu einer Übung

Die Übung kann übergangen, gelesen, satzweise meditiert werden. Es ist eine Einladung zur Stille, zum Frieden, zum Lächeln.

⌣

Warum soll ich denn lächeln, wenn mir nicht danach zumute ist? Achtsamkeit – was hat das mit dem Lächeln zu tun? Was ist Achtsamkeit?

Achtsamkeit praktizieren bedeutet, sich mit sich selbst, mit dem eigenen Leben zu verbinden, Kontakt herzustellen mit den eigenen Wahrnehmungen und Gefühlen. Achtsamkeit bedeutet, wahrzunehmen, ohne zu werten. Sich nicht identifizieren, nicht anhängen. Freie Wahrnehmung: Aha, so ist es, und es ist okay.

Achtsamkeit bedeutet, präsent zu sein, im Hier und Jetzt zu sein, im Fluss des Lebens, im Jetzt.

Achtsamkeit bedeutet, wahrzunehmen, ohne zu bewerten, ohne zu beurteilen, bedeutet, nicht haften zu bleiben und wach zu sein.

⌣

Es ist nicht wesentlich, ob wir den gegenwärtigen Moment als angenehm oder unangenehm, wichtig oder unwichtig wahrnehmen. Wesentlich ist unsere Lebendigkeit im jetzigen Augenblick. Jetzt findet unser Leben statt.

Achtsamkeit ist die Fähigkeit, immer wieder einen Augenblick innezuhalten und bewusst zu atmen. Ein – Pause – aus – Pause – ein – Pause – und so weiter. Wir werden uns unseres Atems bewusst, der in den Körper einströmt und wieder aus dem Körper ausströmt.

Achtsamkeit bedarf der täglichen Übung. Ein paar Minuten lang. Vielleicht länger. Bewusst atmen. Bewusst im Hier und Jetzt sein.

∼

Lächeln bedeutet immer, eine Verbindung aufzunehmen. Eine Verbindung zu sich selbst, zum Körper, zu den eigenen Körperteilen und Organen. Eine Verbindung zum jetzigen Augenblick. Eine Verbindung zum Leben.

Lächeln zur Übung machen: Während ich einatme, lächle ich. Während ich ausatme, lächle ich. Einfach atmen. Einfach lächeln – von innen heraus.

∼

Einführung und Einladung zu einer Lächel-Meditation

Wenn wir unser Gesicht zum Lächeln bringen, entspannen sich Hunderte von Muskeln in unserem ganzen Körper. Neuere Untersuchungen haben ergeben, dass sich die Wirkungen in unserem Nervensystem, die mit echter Freude verbunden sind, auch dann einstellen, wenn wir unsere Gesichtsmuskeln den Ausdruck der Freude annehmen lassen.

Lächeln kann zur Übung gemacht werde. Wir trainieren unsere Rücken- und Bauchmuskeln auch dann, wenn wir vielleicht gerade gern etwas anderes, Bequemeres machen möchten. Wir möchten fit und gesund bleiben, und da muss man sich ab und zu zum Training ermutigen. Genau so ist es mit dem Lächeln.

Ich berufe mich im Folgenden auf einen Text des bereits erwähnten vietnamesischen Mönchs Thich Nhat Hanh, der heute im hohen Alter bei Bordeaux im von ihm gegründeten Meditationszentrum Plum Village lebt und lehrt. Der folgende Text ist seine Anleitung zum Lächeln. Er nennt es auch Mund-Yoga.

»Bei der Übung ›Während ich einatme, lächle ich‹ fragt ihr euch vielleicht: Warum sollte ich lächeln, wenn doch keine Freude in mir ist? Die Antwort ist: Lächeln ist eine Übung. In unserem Gesicht gibt es mehr als dreihundert Muskeln. Wenn ihr wütend und ängstlich seid, spannen sich diese Muskeln an. Die Anspannung dieser Muskeln ruft ein Gefühl von Ernst und Starrheit hervor. Wenn ihr aber wisst, wie ihr einatmet, und dabei ein Lächeln hervorbringt, werdet ihr diese Verkrampfungen auflösen können – dies ist die Übung, die ich Mund-Yoga nenne. Macht Lächeln zu einer Übung. Atmet ein und lächelt einfach – die Anspannung wird verschwinden, und ihr werdet euch wesentlich besser fühlen.

Es gibt sicher Momente, da ein Gefühl der Freude euch spontan zum Lächeln bringt. Vielleicht kennt ihr aber auch Momente, da ein Lächeln, das ihr bewusst hervorbringt, innere Entspannung, Ruhe und Freude zur Folge hat. Ich warte jedenfalls nicht ab, bis ein Gefühl von Freude in mir ein Lächeln hervorruft; Freude mag später kommen. Manchmal, wenn ich nachts allein in meinem Zimmer bin, lächele ich mir selbst zu. Ich tue dies in der Absicht, mir selbst freundliche Zuneigung zu schenken, gut für mich selbst zu sorgen, mich selbst zu lieben. Ich weiß, dass ich nicht wirklich fähig bin, für jemand anderen zu sorgen, wenn ich nicht fähig bin, für mich selbst zu sorgen.

Uns selbst Mitgefühl zu schenken ist eine sehr wichtige Übung. Wenn wir müde, wütend oder verzweifelt sind, soll-

ten wir wissen, wie wir zu uns selbst zurückfinden und wie wir sorgsam mit unserer Müdigkeit, unserer Wut und Verzweiflung umgehen können. Das ist der Grund, warum wir Lächeln, achtsames Gehen, Atmen und Essen üben.

Beim Einatmen schenke ich meinem Körper Ruhe.
Beim Ausatmen lächle ich.
Ich verweile im gegenwärtigen Moment
Und weiß, es ist ein wunderbarer Moment.«[8]

~

2. Ein Gezerre von Gefühlen

Vom Gezerre der Gefühle im Alltagsleben erzählen Menschen in vielfältiger Art: Das Gezerre zwischen Loyalitäten zu verschiedenen Personen, das Gezerre zwischen Familie und Beruf, das Gezerre zwischen verschiedenen Aufgaben. Es ist das Gezerre, das müde macht und als Stress empfunden wird.

Manchmal vergehen einem im Strudel des Lebens das Lachen und das Lächeln. Diese Tatsache verdient unseren Respekt und unser Mitgefühl. Auch für uns selbst. Erst dann kann sich etwas bei uns verändern.

Es ist der rumänischen Schriftstellerin Herta Müller zu verdanken, dass ich zum Ausdruck »Ein Gezerre von Gefühlen« gekommen bin. Sie hat nach dem Ableben ihres Schriftstellerfreundes und Koautors Oskar Pastior das gemeinsam begonnene Buch »Die Atemschaukel« allein fertiggestellt. Es ist ein Bericht über Deportation und jahrelange Festnahme in rumänischen Lagern. Es war das, was Pastior erlebt hatte. Im September 2010 wurde klar, dass Pastior für den rumänischen Geheimdienst gearbeitet hatte. Herta Müller hatte es offenbar geahnt, aber nicht wissen wollen. Als sie die Bestätigung erhielt, war sie erschrocken und wütend. In einer Lesung im Dezember 2010 in Zürich sprach sie vom »Gezerre von Gefühlen«, das diese Information in ihr ausgelöst hatte.

Es ist für mein Anliegen ein ganz treffender Begriff. Das habe ich sogleich intensiv gespürt, gewissermaßen in einem Bodyshift, das heißt einem körperlich erfahrbaren plötzlichen Verstehen alles dessen, was an uns zerren kann: Gefühle, Menschen, Verpflichtungen. Zerren ist auch ein physischer Begriff: Die Not fährt in den Körper. Eine Muskelzerrung ist eine äußerst schmerzhafte, langwierige Geschichte. Ein Ischias bringt uns für viele Tage in die Hölle großer Schmerzen. Ein verzerrtes Gesicht ist so ziemlich das Gegenteil von einem lächelnden Gesicht. Das Gezerre von Gefühlen tut seelisch und körperlich weh, weil Seele und Körper eine Einheit bilden. Beispielsweise wird in der atemtherapeutischen Fachliteratur das Asthma bronchiale, von dem mindestens zehn Prozent der Menschen betroffen sind, wesentlich mit seelischen Ambivalenzkonflikten erklärt. Der Mensch ist immer als Ganzheit, als seelisch-körperlich-geistige Einheit betroffen.

Rainer Maria Rilke, der große Dichter, schrieb 1904 an seine Freundin Lou Andreas-Salomé über ein Treffen mit seiner Mutter in Rom. »Wenn ich diese verlorene, unwirkliche, mit nichts zusammenhängende Frau, die nicht alt werden kann, sehen muss, dann fühle ich, wie ich schon als Kind von ihr fortgestrebt habe, und fürchte tief in mir, dass ich noch immer nicht fern genug von ihr bin.« Diese tiefe Zerrissenheit gegenüber der dominanten und kontrollierenden Mutter, der er doch immer wieder zärtliche Briefe schreibt, hat Rilkes Liebesleben, sein Lebensgefühl und damit sein Werk geprägt. Er muss fraglos darunter gelitten haben. Doch er hat daraus große Dichtkunst gemacht. Qual und Fülle.

Die ganz normale Ambivalenz

Ambivalente Gefühle und Absichten gehören zum Menschsein, zur Freiheit der Wahl und der Entscheidung. Ambivalenz ist existenziell. In jeder Lebensphase und in jedem Lebensalter stellen sich andere Ambivalenzkonflikte dar. Wie wir damit umgehen, prägt unsere Persönlichkeit.

Eva hat sich glücklich verliebt in Jan. Die beiden sind etwa dreißig, beide arbeiten und beide sind bereit für eine Partnerschaft. Eva möchte sich noch Zeit geben, um zu spüren, ob Jan der richtige Mann ist für sie. Sie spürt eine prickelnde, spannende Ambivalenz: Ist er es oder ist er es nicht? Sie genießt diesen Zustand und die damit verbundene Freiheit. Sie ist glücklich mit Jan. Sie spürt, dass sie es bald wissen wird.

Roswitha ist ambivalent hinsichtlich der Kinderfrage. Ihr Mann wünscht sich sehnlich ein Kind mit ihr. Sie ist selbst nicht so eindeutig, möchte jedoch ihrem Paul eine Freude machen. Roswitha hat jeden Monat ein bisschen Angst vor der Menstruation. Sie will, dass sie kommt, denn sie möchte Mutter werden für ein gemeinsames Kind mit Paul. Und sie will nicht, dass sie kommt, weil ihr ihre Freiheit so wichtig erscheint. Sie fühlt sich selbst noch eher als Kind denn als Mutter.

Rainer fühlt sich gleichzeitig autonom und abhängig in seiner Ehe. Vor allem fühlt er sich schuldig in beidem. Dem Schuldgefühl liegt seine große Ambivalenz zugrunde, die er gegenüber der Ehe empfindet. Etwas in ihm hat ihn bisher immer wieder hilflos gemacht. Er kann weder die Freiheiten, die er sich nimmt, noch die Ehe richtig genießen. Und er spürt, dass er aus dieser Ambivalenz herauskommen möchte. Es dämmert ihm, dass er seine Frau manchmal hasst.

Liebe und Hass sind die Kehrseiten derselben Medaille und enthalten ein hohes Ambivalenzpotenzial. Beide, Liebe und Hass, bedeuten Bindung. Heute weiß man, dass Hass eine noch intensivere Bindung an einen Menschen bedeutet als Liebe. Menschen erleben Ambivalenz: Liebe und Hass für dieselbe Person. Bei ihr bleiben und sie gleichzeitig verlassen wollen. Gleichzeitig Ja und Nein sagen und sich blockiert fühlen. Macht man einen Besuch aus Verpflichtung oder weil man diesen Menschen sehen möchte? Ambivalenz kommt in allen Lebensbereichen vor. Überall kann man Entscheidungen aufschieben. Oder man lässt es drauf ankommen und leidet dabei.

Innere Ambivalenzen kennen alle Menschen in stärkerem oder schwächerem Ausmaß. In jeder noch so guten Beziehung müssen antagonistische Gefühle ausgehalten werden, Liebe und Hass, Anhänglichkeit und Autonomie, Nähe und Distanz, Verantwortung und Egoismus. In jeder nahen Beziehung müssen diese Gefühle ausbalanciert werden. Die Fähigkeit, Ambivalenz zu ertragen, bedeutet, lieben zu können, ohne zu verschmelzen, und hassen zu können, ohne das Gegenüber zerstören zu wollen. Oder es bedeutet, dass ein Mensch weiß, dass er bei einer Affäre seiner Partnerin beide Tendenzen verspürt: sich anzuklammern oder aber aus Verzweiflung und Verlassenheit selbst zu gehen. Und er hält es eine Weile aus und weiß: Ich möchte etwas Neues versuchen. Liebe und Hass können im gelingenden Fall integriert werden. Das ist zum Beispiel bei Destruktivität nicht der Fall; sie bedeutet eine Unfähigkeit, widersprüchliche Gefühle zu ertragen, auszuhalten und konstruktiv zu verarbeiten.

Wissenschaftlicher Exkurs zum Homo ambivalens
(darf auch übersprungen werden)

Der Begriff des »Homo ambivalens«, des heutigen ambivalenten Menschen, wurde von Kurt Lüscher geprägt – so wie der Begriff des »Homo ludens«, des spielenden Menschen, Jahrzehnte zuvor von Johan Huizinga geprägt wurde. Der Homo ambivalens ist ein sozialwissenschaftliches Konstrukt. Es meint den zeitgenössischen Menschen, der sehr oft, nicht immer, sich und die Welt als widersprüchlich erlebt – im Zuge von Modernisierung und Ökonomisierung und ihrer Paradoxien.

Oder wie es eine Freundin erklärt hat: Das ganze Leben ist doch ambivalent!

Lüscher hat Ambivalenz als Grundstruktur der Möglichkeiten reflexiven Erlebens bezeichnet. Für ihn handelt es sich bei seiner Schöpfung des »Homo ambivalens« um das Nachdenken über die Entwicklung und Entfaltung von Identität unter den komplexen, anspruchsvollen Bedingungen der postmodernen, globalisierten Gesellschaft. Er schaut den Paradoxien der unübersichtlichen Mannigfaltigkeit der heutigen Lebensverhältnisse und den Paradoxien der Moderne neugierig entgegen. Für ihn sind Ambivalenzen kaum störend und belastend, sondern sie eröffnen neue Räume der Kreativität und Freiheit.[9]

Das ambivalente Lebensgefühl des modernen Menschen:
Das heutige Leben hat an Tempo, Vielfalt und an indivi-
duellen Gestaltungsmöglichkeiten gewonnen. Doch das
geht einher mit einem Verlust an Geborgenheit und Sicher-
heit. Ist der moderne ambivalente Mensch glücklich? Wo
soll er lernen, die Ambivalenz auszuhalten?

Es scheint seit eh und je eine Ambivalenz des Empfindens
zu geben. Vermutlich immer dann, wenn ein Minimum an
Lebenssicherheit gewährt ist und es nicht um das nackte
Überleben geht. Dazu passt, dass in unserer modernen,
globalisierten Gesellschaft die Tendenz, Ambivalenz zu
empfinden, sehr zugenommen hat.

Nun gibt es Menschen, die aufgrund ihrer frühkindlichen Bindungs- und Trennungserfahrungen in hohem
Grad ambivalent sind in ihren menschlichen Beziehungen.[10]

Für sie ist die eben beschriebene Ambivalenz erzeu-
gende Prägung durch die moderne Gesellschaft eine Bedrohung. Da gibt es überhaupt nichts Sicheres mehr. Innen
und außen gibt es nur Widersprüchlichkeit, Mehrdeutigkeit, Paradoxien. Solche ungünstigen Prägungen können
eine große Lebensangst auslösen und zur Lebensein-
schränkung sowie zur Krankheit führen. Es scheint, dass
dies bei Menschen mit einer gefährdeten Vorgeschichte zu
einer pathologischen Zerrissenheit führt, die sich in allen
Lebensbereichen manifestiert.[11]

Wir möchten doch einfach glücklich sein. Die Welt anlächeln und von ihr angelächelt werden. Häufig ist es nicht
möglich. Die erlebten Zerrungen und Schmerzen sind zu
intensiv. Ambivalenz kann äußerste Qual sein. Sie kann jedoch wahrgenommen und bei entsprechender Motivation
langsam verändert werden. Jeder Mensch trägt in sich seine
Ambivalenzen, seine Widersprüche, seine Zerrissenheiten;
seit eh und je. Und zwar lange Jahre, bevor dieser Begriff
1910 geprägt wurde.

Den Begriff Ambivalenz gibt es erst seit Hundert Jahren, geprägt vom Psychiater Eugen Bleuler am Burghölzli in Zürich, 1910. Das ist erstaunlich, wenn wir bedenken, wie sich dieser Begriff nicht nur in der Alltagssprache, sondern auch in den Sozialwissenschaften, in Philosophie, Geschlechtertheorie und im Nachdenken über die kulturellen Grundlagen von Integration verankert hat.

Zwischen 1910 und 2010 liegen hundert Jahre gesellschaftlicher Entwicklung. Ambivalenz hat heute eine andere Qualität als vor hundert Jahren. Bleuler hat damals den Gefühlszustand von manisch-depressiven Patienten beschrieben, die Abfolge von manischen und von depressiven Zuständen, die sogenannte Bipolarität. Danach hat er den Begriff auch auf nicht psychisch erkrankte Menschen ausgeweitet und zwischen Ambivalenz im Bereich des Willens (etwas wollen und nicht wollen), im Bereich des Intellekts (gleichzeitig eine Meinung und deren Gegenteil vertreten) und im Bereich der Gefühle (dieselbe Person lieben und hassen) unterschieden.

Sigmund Freud hat den Begriff der Ambivalenz im gleichen Jahr aufgegriffen und ihn auch begrüßt, um ihn für das gleichzeitige Auftreten aktiver und passiver Impulse zu beschreiben. Er hat auch betont, wie oben erläutert, dass dies bis zu einem gewissen Maß normal sei. Es gibt bei Freud viele Ambivalenzen: zwischen Liebe und Hass, zwischen zärtlicher, positiver und feindseliger, negativer Übertragung, zwischen Lebens- und Todestrieb, Libido und Destrudo, Abhängigkeit und Autonomie.

Wenn wir mit Freud die orale, anale und phallische Entwicklungsphase unterscheiden, dann gehört zur oralen Phase der Ambivalenzkonflikt zwischen der Verschmelzung mit der Mutter (der Schrei nach der Mutter) und der Angst vor Verlust des Eigenraums. Bleibt dieser Konflikt bestehen, kann es zu Gefühlen der Unersättlichkeit, ja Sucht nach äußeren Befriedigungen und der Hemmung der eigenen Vitalitäts- und Aggressionsimpulse kommen. Zur analen Phase gehört die Ambivalenz zwischen Hingabe und Abgrenzung, Nähe und Distanz, Abhängigkeit und Autonomie. Zur phallischen Phase gehört der Konflikt zwischen dem Über-Ich (die internalisierten elterlichen Instanzen, das Gewissen) und dem Ich-Ideal der Selbst-Werdung – im Konflikt mit den elterlichen Moral- und Lebensvorstellungen und den eigenen Idealen und Ansprüchen.

Ambivalente Dynamiken können auch entstehen zwischen dem Existenzvertrauen und der Existenzangst, dem Kontaktvertrauen und der Kontaktangst, dem Ich-Vertrauen und der Ich-Angst. Alles ist ambivalent – nichts ist ambivalent.

Die Individualisierung, die seit einigen Jahrzehnten unsere Gesellschaft prägt, hat die Ambivalenzen zunehmen lassen, und zwar weitgehend als gesellschaftliche Prägungen und weniger als individuelle, gar pathologische Eigenart. Wenn jemand erklärt, er habe gegenüber einem anderen Menschen ambivalente Gefühle, dann ist das nachvollziehbar und normal. Normal im Sinne von »der Norm entsprechend«. Himmelhochjauchzend zu Tode betrübt. Zwei Seelen wohnen, ach, in meiner Brust. Wir werden auf die zwei, drei, vier und mehr Seelen, die wir sind, zurückkommen unter dem Kapitel »Wir sind viele«.

In hohem Maß generiert die heutige Gesellschaft – die Massenmedien, die kommunikationstechnologischen Möglichkeiten, die Globalisierung, der Reichtum – viele dichte und tiefe Ambivalenzen in allen Lebensbereichen, denken wir an die Familie, den Beruf, die Beziehungen, die Kommunikationstechnologie. Alle Lebensbereiche sind, wenn man so will, ambivalent oder sogar mehrdeutig, widersprüchlich (polyvalent, ambuigitär) geworden. Erwähnen wir ein paar Beispiele. Unser Körper ist zum Tummelplatz von höchst widersprüchlichen Ideologien geworden. Wir sollten gesund sein, gesund essen, nicht zu viel trinken, uns pflegen, fit sein durch regelmäßigen Sport. Es ist ein Karussell von Disziplin, Verschleiß und Sucht, das sich dreht und dreht. Die Grenzen des natürlichen Körpers werden nicht mehr anerkannt – und zwar von den Betroffenen nicht und von der entsprechenden »Industrie« nicht. Altern – muss das sein? Schlankheit – kann das sein? Schönheit und Ebenmäßigkeit – wird heute erwartet. Qual der Wahl, auch hier, und vielleicht funkt da die psychische Ambivalenz dazwischen. Man möchte abnehmen, und man isst und trinkt mehr oder weniger fröhlich weiter. Man möchte fit sein, bewegt sich aber viel zu wenig. Es gibt Tausende von Beispielen, wie sich viele heutige Menschen Tag für Tag abquälen.

Was bedeutet die Sexualität? Erfüllung im Paar, Mysterium, käufliche Liebe, Pornografie und so weiter. Welche Welt ist real, welche ist virtuell? Können wir noch unterscheiden zwischen diesen Welten? Die Familie. Die fesselnde Familie: Sie ist interessant, spannend, fesselnd. Und sie kann unter Umständen alle Beteiligten oder einige Beteiligten fesseln: an den Herd, ans Heim, an die Kinder. Familie kann Geborgenheit bedeuten, aber auch Verpflichtung, Fessel, ja gar Zwang. Psychotherapie: intime Begegnung, organisierte Dienstleistung. Wir leben in einer Welt, in der Ambiguität gang und gäbe ist, sei es das Pendeln zwischen Hochglanz und Brockenstube, zwischen Biokost, Bauernhof, Smartphone und iPod. Die Welt dreht sich immer schneller.

Es gibt die Ambivalenz der Intimität. Einerseits hören wir auf der Straße und in öffentlichen Verkehrsmitteln unfreiwillig höchst persönliche, ja intime Details aus dem Leben fremder Menschen, denn sie telefonieren. Anderseits schotten sich viele Menschen im öffentlichen Raum dank Ohrstöpseln und Handys völlig ab und schaffen ihre eigene Intimitätskapsel.

Natürlich hat auch die Werbung die Ambivalenz entdeckt. In der Schweiz wirbt eine Lebensversicherung auf Plakaten mit sogenannten Wendesätzen. Das klingt dann beispielsweise so:
Ich liebe **meinen Job** will ich unbedingt wechseln.
Ich liebe **Kinder** möchte ich nie haben.
Es läuft hervorragend **in der Firma** haben wir Kurzarbeit.

Ich werde niemals **Weinbauer in der Toskana** zu sein erfüllt mich total.

Wir sind heutzutage längst entlassen aus einer Welt der Eindeutigkeiten. Alles ist mehrdeutig. Wir haben uns zu entscheiden. Das ist anspruchsvoll. Das gibt auch Weite, erzeugt Freiheit. Wir können nicht frei sein, aber wir können uns befreien. Wir sind Gefangene und Wärter, wie Friedrich Dürrenmatt einmal treffend bemerkte. Alle Gegensatzpaare bilden eine Einheit. Sexualität bedeutet eben Lust und Schmerz, Aggression und Zärtlichkeit, Exhibitionismus und Scham. Es gibt eine gewöhnliche Ambivalenz im Sinne der Fülle, im Sinne der Mehr- und Vieldeutigkeiten.

Jobs können gewechselt werden, Beziehungen können abgebrochen und wieder neu geknüpft werden. Ein Phänomen, die Familie, ist nicht oder nicht leicht auswechselbar. Eltern, Geschwister und Kinder hat man ein Leben lang, nämlich von der Geburt bis zum Tode. Ein Leben lang bedeutet eine Dauer, die heute kaum jemand freiwillig wählt. Familie ist nicht kündbar. Es gibt Verpflichtungen, es gibt Zeiträume – und daraus erwachsen oft Zwänge. So ist in den familiären Generationenbeziehungen eine Ambivalenz enthalten, die nicht einfach abgeschüttelt werden kann.

Die Ambivalenz von Symptomen und Gewohnheiten

Symptome psychischer und körperlicher Art sind mehrdeutig. Sie sind eine Reaktion der Seele und des Körpers auf einen Stress, eine schlimme Erinnerung, auf frühere und aktuelle Konflikte und Gefahren. Sie sind – meist lang dauernde – Versuche, mit den inneren und körperlichen Zwistigkeiten, Widersprüchen und Ambivalenzen zurechtzukommen, und sind Versuche zur Selbstheilung.

Wie können wir die Ambivalenz der Symptome verstehen? Störungen und Krankheitssymptome gelten etwas Tiefliegendem, lange schon Andauernden. So können Zwangssymptome massive Schuldgefühle abwehren. Oder so stellen hysterische Symptome eine körperliche Darstellung psychischer Wirklichkeiten dar. Wenn wir Symptome verstehen wollen, suchen wir nach dem kleinen Steinchen im Lebensschuh, einer allerersten Verletzung im Leben, die jahrzehntelang Symptome erzeugen kann, seltsames Verhalten, schädliche Gewohnheiten. Und als Begleiterscheinung einen sekundären Gewinn für das Leiden: Man wird untersucht, betreut, allenfalls getröstet, vielleicht gestreichelt, umsorgt und gepflegt. Und deshalb ist man erleichtert, dass einem ein Leiden einen Gewinn bedeuten kann.

Aus diesem Grund haben die meisten Menschen ambivalente Gefühle, wenn es ansteht, sich von den Symptomen und Gewohnheiten zu befreien. Einerseits wird die Veränderung gewünscht – seien es nun Zwangsgedanken oder Übergewicht. Andererseits hält etwas zurück, nämlich die Angst, das Gute im Schlechten zu verlieren. Man spricht vom sekundären Krankheitsgewinn, dass es im Schmerzhaften eben auch Gutes gibt. Es ist aber auch diese Ambivalenz der geteilten Gefühle, die letztlich eine Veränderung verhindern. Sei es, dass man sich von einem Menschen verabschiedet, der einem nicht guttut, oder dass man nun doch endlich etwas Vernünftigeres, Gesünderes isst, damit sich die Cholesterin- und Blutzuckerwerte wieder normalisieren.

Selbst wenn ein Symptom Leiden, Angst und Ungemach bedeutet, so kann es unbewusst durchaus einen Lustgewinn darstellen, also durchaus ambivalent empfunden werden. Man fühlt sich lebendig, einzigartig, vielleicht auch etwas regressiv wie früher das kranke Kind, das – im besten Fall – aufopfernd gepflegt und verwöhnt wurde. Und eben nur dann, wenn es krank war.

Ein Beispiel: Christian hatte seit einigen Jahren massiv Übergewicht. Er bezeichnete sich selbst als Überesser, der nicht merkt, wann es genug ist. Es hatte eine Weile gedauert, bis er um Hilfe nachfragte. Die Hüft- und Kniegelenke fingen an zu schmerzen – er war zu schwer. Und dann gab es eine Odyssee durch viele Diät-Beratungen und -Programme. Er hatte den Wunsch, abzunehmen, aber er war überfordert, die dafür nötige Disziplin willentlich aufzubringen. Die Ambivalenz war riesig – und sie wurde immer unangenehmer.

Christian glaubte zu erleben, dass ihm alle rundum Vorwürfe machten und erwarteten, dass er nun endlich etwas Wirksames mache. Langsam merkte er, dass das die Projektionen der anderen auf ihn waren. Ja genau, was diese sogenannten Freunde bei sich nicht zugeben wollten, projizierten sie auf Christian. Das half ihm seelisch zu verstehen, immerhin.

Doch wie konnte er aus seiner Ambivalenz herauskommen? Wollen und doch nicht wollen. Immer wieder die kurzfristige Sättigung suchen.

Ein Therapeut vermutete bei Christian, dass er den Kontakt zu seinem Körper verloren habe, dass sein Hunger mehr mental als körperlich sei. Der Hunger sei eine schlechte Gewohnheit.

Wie aber in Kontakt treten zum Körper. Ihn fragen? Das ging eben nicht. Ein Freund gab Christian den Satz: Zwischen Reiz und Reaktion liegt die Freiheit. Das konnte Christian übersetzen für sich und es durchfuhr ihn wie ein Blitz. Er war ein Gefangener. Wenn der Reiz kam, reagierte er sofort.

Es bedurfte einer längeren Selbsterfahrung, bis Christian ein psychisches Muster bei sich entdeckte, dass sich seit seiner Kindheit in mehreren Lebensbereichen zeigte: die mangelnde Anerkennung seines Körpers und seiner Grenzen. Er hatte seit eh und je immer übertrieben, war körperlich ans Limit gegangen und hatte in seinem Leben schon sehr viele Unfälle erlitten. Und nun, um die vierzig herum, diese Esssucht.

Christian wollte Kontakt aufnehmen zu seinem Körper, die Freiheit zwischen Reiz und Reaktion kennen lernen. Es bedurfte eines mehrdimensionalen Ansatzes. Meditation, um Stille zu erfahren, das Hungergefühl zu hinterfragen und kennen zu lernen. Chinesische Akupunktur, um die Energiebahnen im Körper zu aktivieren. Physiotherapie, um zu lernen, wie er seinen Körper bewegen konnte, um seine Gelenke *zu schonen. Was Christian Kraft und Durchhaltevermögen gab, war die Erkenntnis, dass er etwas Neues zu lernen hatte, wenn er sich nicht zugrunde richten wollte: seinen Körper und seine Grenzen anerkennen. Und genau das war sein Pfad der Freiheit – nicht das Übermaß. Mit diesem »Mantra« kam Christian mit den Jahren ins Lot, er konnte das Gewicht reduzieren. Und er fühlte sich so frei wie nie zuvor im Leben. Frei im Anerkennen seiner Grenzen.*

»Wir sind alle essgestört«, schreibt die Journalistin Bettina Weber (*Tages-Anzeiger*, 12.3.2011, S.13). Sie meint damit, dass uns in der westlichen Gesellschaft der gesunde Menschenverstand abhanden gekommen ist, wenn es um das Gewicht geht. Kaum jemand, der kein Problem hat. Kürzlich habe ich in der Sauna eine sehr schlanke, wohlgeformte, wunderschöne junge Frau betrachtet. Sie stand sehr lange auf der Waage. Zu lange. Es war ganz offensichtlich, dass sie nicht glücklich war mit der Gewichtsangabe. Sie versuchte, sie noch ein bisschen zu verändern. War sie vielleicht mit ihrem offensichtlichen Idealgewicht in einem Abnehmprogramm drin? Sie machte sich jedenfalls sichtlichen Stress. Sie hatte mein ganzes Mitgefühl. Es erschütterte mich, dass auch sie, wie so viele Menschen, nicht glücklich war mit ihrem Gewicht. »Die Menschheit wird immer dicker. Das Essen ist heute so pathologisiert wie die Erziehung, die Sexualität, die Partnerschaft oder die Eltern-Kind-Beziehung«, schreibt Bettina Weber. Ist es der modernen Menschheit zu banal oder zu entfernt oder schlicht unmöglich, auf den eigenen Körper zu hören und sich damit ernst zu nehmen?

Haben die gesellschaftlichen und individuellen Ambivalenzen ein Ausmaß angenommen, das bereits den Körper beeinträchtigt hat? Ambivalenzen können aus atemtherapeutischer Sicht Grund von Atemproblemen bis hin zum Asthma bronchiale sein. Eine seelisch-geistige Ambivalenz kann sich körperlich als Fehlspannung manifestieren. Die vegetativ-unbewusste und die willentlich-bewusste Steuerung stehen miteinander im Konflikt. Das kann sich unter anderem auf die Muskeln und insbesondere auf das Zwerchfell als Atemmuskel übertragen. Damit wird der Atemrhythmus mit seinem im idealen Fall ausgewogenen Verhältnis von Einatmen und Ausatmen gestört. An dieser Stelle setzen denn auch Meditations- und Imaginationsübungen mit der besonderen Beobachtung des Ein- und Ausatmens an.

Rücken- und Nackenschmerzen, die in unserer modernen Gesellschaft so verbreitet sind, können unter Berücksichtigung anderer Einflüsse durchaus auch als Ergebnis erlebter Ambivalenzen, als Resultat dessen, was alles an uns zerrt, verstanden werden.

Gewohnheiten erhalten in unserem Körper also unter Umständen eine Bedeutung. Sie können sich in Symptome verwandeln, die unser Wohlgefühl stören. Gewohnheiten enthalten an und für sich bereits eine Ambivalenz. Sie geben einerseits eine Sicherheit und einen Rahmen. Und sie schützen anderseits vor Entscheidungen, davor, zu wählen, aufzubrechen oder zu verlassen. Menschen halten viel aus, wenn sie sich in lieb- und leidgewordenen und Sicherheit spenden Gewohnheiten eingerichtet haben. Vielleicht oder wahrscheinlich halten sie seelisch und körperlich mehr aus, als Seele und Körper vertragen. Ein Mensch entwickelt Symptomhandlungen, die dabei helfen, den täglichen Spannungen standzuhalten (trinken, essen, stehlen etc). Die entstehenden Symptome können Vorläufer von Krankheiten sein. Prävention ist also angesagt. Es fragt sich nur, ob die heute stattfindende Prävention im gesundheitlichen Sinn mit ihrer Panikmache nicht die ganz und gar normale Ambivalenz jedes Menschen verstärkt und dann wiederum den Gesundheitswunsch sabotiert. Prävention ist heute eine Gratwanderung.

Der Begriff der emotionalen Intelligenz meint die Fähigkeit, die eigenen Gefühle als auch die Gefühle anderer zu erkennen, zu verstehen und adäquat damit umzugehen. Die emotionale Intelligenz ist ständig gefragt, wenn man mit anderen Menschen zu tun hat. Es kann keineswegs vorausgesetzt werden, dass Menschen ihre eigenen Gefühle und die anderer erkennen. Das ist bereits bei Kleinkindern zu beobachten. Sie wissen oft nicht genau, weshalb sie weinen, ob sie Hunger haben, ob sie traurig oder müde sind. Bauchweh ist eine Metapher bei kleinen Kindern, dass irgendetwas nicht stimmt und dass sie auch nicht wissen, was sie machen sollen, um sich besser zu fühlen.

Bei Erwachsenen ist das kindliche Unvermögen, zwischen verschiedenen Gefühlen zu unterscheiden, gar nicht so selten. Es ist nicht selbstverständlich, auf den eigenen Körper hören zu können und entsprechend damit umzugehen. Stress erhöht das Unvermögen, auf sich zu hören. Stress kann vielerlei bedeuten: Es ist alles zu viel, es ist zu laut, es ist zu hell/zu dunkel, ich schaffe es nicht mehr, ich bin zerrissen und ausgelaugt und todmüde. Was tun? Müdigkeit erfordert eine andere Reaktion als beispielsweise Hunger. Müdigkeit erfordert eine kürzere oder längere Pause. Hunger erfordert Essen, aber auch nur dann, wenn der Magen wirklich leer ist. Häufig werden die beiden Zustände nicht differenziert, sondern es wird gegessen, und unter Stress eben naheliegend: Junkfood. Das ergibt vielleicht ein schlechtes Gewissen und/oder eine zusätzliche Belastung für den Körper. Die Gleichung »Stress = Ich muss essen« ist weit verbreitet bei uns und hat zur Folge, dass man zum einen Übergewicht zulegt und zum anderen erst recht nicht mehr mit seinen Gefühlen zurechtkommt. Es ging gar nie um Gefühle. Sie können sich aber mit solcher Macht unangenehm bemerkbar machen, dass sie nicht mehr zu ignorieren sind. Bei solchen Grenzerfahrungen kann Wandel ausgelöst werden. Grenzen haben ihren Sinn. Individuell und gesellschaftlich.

Das Lächeln ist uns in diesem Abschnitt der ganz normalen Ambivalenz vergessen gegangen und damit abhandengekommen. Ambivalenz im erwähnten Sinn bedeutet Stress. Täglichen Stress. Es ist nicht das letzte Wort zu Ambivalenz. Ambivalenz selbst ist ambi-valent und hat damit verschiedene Bedeutungen.

Grenzen und Ambivalenzen anlächeln

Your boundaries are your quest.
Deine Grenzen sind deine Suche.
Zen-Weisheit

Grenzen haben ihren Sinn. Sie bilden eine Begrenzung, die von uns eine Antwort will. Widerstand. Sturheit. Sich einlassen und Wandel. Individuell und gesellschaftlich.

»Als unvorstellbar gilt, der Mensch könne sich aus eigenem Entschluss zurückziehen. Grenzen sind dazu da, überschritten zu werden: Dies gilt als Lehrsatz und als Schicksal, am unerbittlichsten bei denen, die von Freiheit sprechen; den furchtbaren Widerspruch zu ihr, der in einem Zwang zum Überschreiten steckt, bemerken sie nicht. Freiheit wäre da, wo wir an einer Grenze sagten: Es ist genug. Es reicht uns.« Dies hat Alfred Andersch in seinem Reisebericht aus Spitzbergen geschrieben.[12]

Beginnen wir von außen nach innen, von der Gesellschaft und Natur zum Individuum.

Die Meere werden geplündert, die Fische sterben aus. Fleisch und Fische zu essen wird immer mehr mit Gewalt an Lebewesen assoziiert.

Im März 2011 erschüttern ein Erdbeben und ein Tsunami Japans Bevölkerung. Die Gefährdung durch das Atomkraftwerk in Fukushima erschüttert die Welt. In Europa wird intensiv über die Notwendigkeit von Atomkraftwerken debattiert. Die Schweiz beschließt langfristig den Ausstieg aus der Atomenergie.

Erst wenn wir Menschen die Schmerz- und Verzichtgrenze spüren, erkennen wir die tiefe Ambivalenz von Genuss und Zerstörung.

Häufig wird von notwendigem Verzicht gesprochen, den sich in unseren Landen niemand vorstellen kann: Verzicht auf maximale Beleuchtung, elektrische Apparaturen, Klimaanlagen und so weiter. Es braucht gesellschaftspolitische Fantasie, um sich eine westliche Welt mit weniger Energie als bessere Welt mit mehr Lebensqualität vorzustellen. Es ist relativ fantasielos, sich jede mögliche Veränderung unserer komfortablen Situation als Verzicht vorzustellen. Es ist ja nicht so, dass wir mit allen unseren grenzenlosen Ansprüchen in der besten aller Welten leben. Aber es braucht Katastrophen, um über Grenzen nachzudenken.

Wir werden täglich mit Grenzüberschreitungen konfrontiert. Tempolimits werden nicht eingehalten, Eigentum wird nicht akzeptiert (Raubüberfälle, Einbrüche), das Recht auf den eigenen Körper wird nicht anerkannt (Vergewaltigungen, Schlägereien, Mord und Totschlag). Gräber werden geschändet. Süchte grassieren. Das Übergewicht und die entsprechenden gesundheitlichen Schäden sind in Zunahme begriffen in der westlichen Welt.

Gibt es überhaupt einen menschlichen Bereich, in dem Grenzen anerkannt werden? Natürlich: Es gibt Zäune, Mauern, Gitter. Man kann sich schützen und wird geschützt. Gute Zäune machen gute Nachbarn (good fences make good neighbours).

Es geht im Folgenden um Grenzen, die sich Menschen setzen oder eben nicht setzen können. Und um Grenzen, die ihnen die Umstände und ihr Körper setzen – und wie sie mit diesen Grenzen umgehen.

Ein Beispiel: Eine junge Frau, Sina, ist schwanger. Sie ist bald vierzig Jahre alt und hat es weit gebracht in ihrem Beruf. Erst jetzt ist sie bereit, Mutter zu werden. Berufsfrau zu sein, das kann sie und das gefällt ihr. Nun möchte sie ihre persönlichen Grenzen erweitern. Sie möchte für ein Kind und eine Familie mitverantwortlich sein. Das hat sie mit ihrem Partner besprochen. Nun stößt sie an unerwartete Grenzen: Sie erlebt eine unbekannte Ambivalenz ihrem wachsenden Bauch gegenüber. Wollte sie das wirklich? Kann sie das, was jetzt von ihr verlangt wird? Jein, sie wollte. Aber jetzt ist alles anders. Sie hat sich mit ihrer Schwangerschaft in den natürlichen Lebens-

kreislauf von Zeugung, Schwangerschaft, Geburt begeben. Nach ihren Berechnungen sind es noch vier Monate bis zur Geburt. Sina lernt ein neues Lebensmuster: warten, hoffen. Sie kann nichts leisten, damit es schneller oder besser geht. Natürlich macht sie Gymnastik, sie informiert sich, ernährt sich gut und freut sich auf ihr Kind. Mehr kann sie nicht tun. Mit ihrem bisherigen Leistungsstreben, ihrem Einsatz, ihrem Fleiß ist sie am Ende. Jetzt zählt einzig die Hingabe ans Leben, an jeden einzelnen Tag, an das, was ist und kommen wird. Eine neue Situation für Sina. Und wirklich eine Erweiterung ihrer persönlichen Grenzen, wie sie sich das eigentlich gewünscht hat. Sie hatte nicht geahnt, dass dieser Prozess sie so intensiv fordern würde.

Im Erleben eigener Grenzen erwachsen Wachstumsmöglichkeiten, und zwar dann, wenn die Grenzen als Herausforderung angenommen werden.

Ein Beispiel: Selma möchte ihre beste Freundin in Australien besuchen. Einen Monat vor ihrer Abreise erleidet ihr Vater einen Herzanfall. Er übersteht ihn. Selmas Schwestern ermutigen Selma zu ihrer Reise, zumal sie sie bereits einmal um ein Jahr verschieben musste.

Selma kommt in eine Krise. Sie erkennt sich selbst nicht mehr in ihrer Angst und Panik. Sie schafft es fast nicht mehr, ihren Anrufbeantworter abzuhören. Die Befürchtung, dass sie nicht abreisen kann, weil ihr Vater stirbt, wächst ins Wahnhafte. Selma erkennt das, aber sie kann es nicht ändern. Was sie ängstigt und quält, ist größer als sie. Etwas in ihr, ein kindlicher Teil in ihr, hat Panik.

Es tauchen Erinnerungen auf an früher. Selma sieht sich als Kind wild im Garten herumspringen. Sie möchte die Schwerkraft überwinden und fliegen. Sie möchte aus dem Garten heraus- und wegspringen. Sie möchte weit weg sein, denn sie fühlt sich eingesperrt von ihren strengen Eltern. Und jetzt erlebt die erwachsene Selma eine Parallele: Ihr Vater verbietet ihr mit seinem Herzanfall diese Reise, will sie in der Schweiz behalten, sie einsperren, ihr Vergnügen vermiesen wie früher.

*Die erwachsene Selma weiß, dass weder ihr Vater noch sie
die Situation im Griff haben. So sehr sie als Kind mit den elterlichen Grenzen und Verboten haderte, so sehr tut sie es heute
wieder. Dann wird sie krank, Brechdurchfall. Alles fällt
durch. Nach zwei Tagen, die sie matt und schwach im Bett
verbringt, ist ihr klar, dass es in dieser Situation kein Flüchten
und kein Vermeiden geben kann.*

*Sie muss sich der Situation stellen. Und jetzt fällt es ihr nicht
mehr schwer. Sie bucht die Reise und akzeptiert es, dass ihr
Vater noch vor oder während ihrer Reise sterben kann. Nun
kann sie wieder Telefonanrufe entgegennehmen; oder den
Anrufbeantworter abhören. Leben ist lebendig bis zum Tod.
Sie will die Bälle, die ihr das Leben zuspielt, annehmen. Selma
merkt noch etwas anderes: Ihre große Lust nach Süßigkeiten
gehört zum Thema »Grenzen anerkennen«. Wenn ihr nach
einer Schachtel Pralinés übel wird, hat sie die Grenzen ihres
Körpers nicht anerkannt.*

Bei vielen Menschen ist die Angst der Kind-Teil in ihnen. Dabei können wir bis zum ungeborenen Kind und dessen Ur-
Ängsten zurückgehen. Nach der Geburt setzen die Prägungen durch die Eltern ein. Die frühen Ängste des Kindes
werden in Krisen und Krankheiten von erwachsen gewordenen Menschen unter Umständen wieder erweckt und mobili-
siert. Sie bedürfen der Beachtung, vielleicht einer Therapie.
Und die letzte Konfrontation erleben Menschen im Sterben,
an der Grenze vom Leben zu Tod. Je mehr Grenzkrisen im
Leben bearbeitet worden sind, desto einfacher fällt in der Regel das Sterben. Da warten keine alten unerlösten Gespenster
mehr. Da ist Übergang über die letzte Grenze – ohne Gepäck,
ohne Ballast, ohne Schulden. Alle Ambivalenzen, die im Leben aufgelöst werden können, belasten nicht mehr im Sterben.

Dass wir sterben werden, bedeutet eine Begrenztheit, die
für viele Menschen schwer erträglich ist. Hinzu kommt, dass
jede Grenze beziehungsweise Begrenztheit an frühe, kindliche Erfahrungen und Abhängigkeiten erinnert. Sie werden

reaktiviert und führen zu Fantasien, Ängsten und Symptomen, die der Bearbeitung bedürfen.

*Ein Beispiel: Werner hat Karriere gemacht. Er leitet eine gut
laufende Unternehmensberatung. Er ist nicht zufrieden. Er
arbeitet zu viel und fühlt sich müde. Alle Anläufe, sich zu entlasten, scheitern seit Jahren. Er fühlt sich in der Firma unentbehrlich, kann keine Grenzen setzen, weder sich noch anderen. Seine Erzählungen sind voller Klagen. Er fühlt sich als
Opfer, ganz tief in sich. Niemand weiß davon. Seine Familie
droht ihn zu verlassen. Er kann seine persönlichen Bedürfnisse
weder ausdrücken noch umsetzen. Der berufliche Erfolg ist
eine Fassade.*

*Dahinter befindet sich der kleine, unsichere Junge, der
emotional vernachlässigt ist, nicht wahrgenommen wird und
sich einsam, traurig und überfordert fühlt. Früher wurde der
Junge von den Eltern vernachlässigt. Nun ist der Junge erwachsen und wird vom erwachsenen Werner vernachlässigt.
Werner hat geglaubt, im Beruf das wettmachen zu können,
was ihm als Kind fehlte. Doch die Anstrengung wurde zu
groß. Die Kräfte schwanden. Es dauert eine gute Weile, bis
Werner das erkennen kann. Er hat sich nun selbst um den kleinen Bub in ihm zu kümmern. Und er entschließt sich, dafür
eine Begleitung in Anspruch zu nehmen.*

*Erst wenn der große Werner seinen inneren kleinen Bub
wahrnehmen, ernst nehmen, trösten und unterstützen kann,
kommt er aus der einschränkenden, lähmenden Ambivalenz
heraus. Sie ist es, die ihn daran hindert, aus Erfahrungen zu
lernen. Werner pendelt innerlich zwischen dem großen und
dem kleinen Werner. Bisher hat er weder für den Großen noch
für den Kleinen Verantwortung übernehmen können. In einem längeren therapeutischen Prozess lernt Werner zwischen
den Stimmen und Gefühlen des kleinen Jungen und des erwachsenen, unglücklichen Werner zu unterscheiden. Er weiß
nun mit zunehmender Erfahrung, was jeder braucht. Dies ist
eine wichtige Unterscheidung. Der Kleine und der Große brauchen Unterschiedliches. Auch beim Setzen von Grenzen. Wer-*

ner lernt seine Bedürfnisse formulieren – zuerst einmal für sich selbst und in einem weiteren Schritt anderen gegenüber.

Werner wollte und wollte nicht, wollte und konnte nicht. Er war in einer blockierenden Ambivalenz gefangen. Das Problem ist nicht die Tatsache der Ambivalenz. Immer wieder gerät man im Leben in solche Situationen. Das Problem ist der Umgang mit der Ambivalenz.

Es sind die inneren Stimmen, die sich in solchen Situationen bemerkbar machen: die Stimme des Kindes, der Jugendlichen, des Erwachsenen. Wir werden in einem späteren Kapitel auf diese inneren Stimmen, auf die vielen in uns, vertieft eingehen. An dieser Stelle ist wichtig zu wissen, dass wir alle diese inneren Stimmen in uns *haben*. Wir können sie nach Alter benennen: der Säugling, das Kleinkind, das Schulkind, das pubertäre Kind, die junge Erwachsene. Wir können ihnen Namen geben: der Anpasser, die Managerin, das Schwein, der Moralist, die Nonne, die Rebellin und viele mehr. Die einen reden lauter, die anderen leiser, jemand schweigt vielleicht. Wenn sie miteinander im Streit liegen, fühlen wir uns hin- und hergerissen. Dann sind wir ambivalent, zerrissen, unschlüssig, lahmgelegt. Alle diese inneren Stimmen und Anteile sind gleich viel wert, sind gleichwertig, ebenbürtig. Doch die einen bereiten uns mehr Schwierigkeiten als die anderen. Dann gilt es den inneren Ort zu stärken, von dem aus wir diese inneren Anteile oder inneren Kinder beobachten und mit zunehmender Erfahrung ins Gleichgewicht und in eine Bildung von Koalitionen bringen können; in unser Selbst.

Das Selbst wird uneinheitlich verwendet und spielt in fast allen Disziplinen von Psychologie über Sozialwissenschaft zu Religion und insbesondere im Buddhismus eine entscheidende Rolle. Wir verwenden das Selbst im innen geleiteten, introspektiven Sinn. Der Mensch ist ein fühlendes, denkendes, reflektierend erkennendes und handelndes Wesen. Gerade die erwähnten verschiedenen Funktionen legen es nahe, verschiedene Selbste zu unterscheiden.

Der Mensch ist nicht immer Herr und Frau im eigenen Haus.

Sigmund Freud unterschied zwischen Ich, Es und Über-Ich; auch drei Instanzen, die im Selbst ihr Wesen und Unwesen treiben. Übrigens ist es naheliegend und verständlich, dass Freud im Jahre 1912 die Bleuler'sche neue Wortprägung »Ambivalenz« gerne aufgenommen hat. Schon für Freud ist die Ambivalenz der Gefühle bis zu einem gewissen Maß normal. Das Problem sind nicht die erlebten Ambivalenzen – das Problem ist die Unfähigkeit, sie sich einzugestehen und sie auszuhalten und damit umzugehen.

In der Psychologie gibt es das beidäugige Sehen. Man anerkennt die Stärken und man sieht die Schwächen. Und mit beidem im Blick wird eine Lösung erarbeitet. Dem möchte ich aus heutiger Sicht beifügen: Ich bin mehr als meine Zweifel; auch eine Art des zweiäugigen Sehens. Ambivalenz als Fülle, als Ganzheit, als Integration.

Vieldeutigkeit ist interessanter als Eindeutigkeit. Vieldeutigkeit ist nicht so leicht festzulegen, nicht so leicht zu deuten und zu vereinnahmen. Vieldeutigkeit ist in seiner Ambivalenz beziehungsweise Ambiguität offen, stimulierend, antiautoritär und politisch.

Da denke ich an die darstellende moderne Kunst und ihre Vertreter, seien es ein Mirò oder ein Picasso. Sie stellen Fragen und beantworten sie nicht selber. Sie formulieren Geheimnisse, die sie nicht verraten. Sie lassen vieles offen, weil das Leben in der Kunst nicht eingeengt werden will. Bruno Ganz hat es in einem Interview so formuliert, dass er den Menschen durch das Spielen einer Rolle ein Konzentrat des Lebens zeigen könne. Er habe als Schauspieler oft erlebt, dass man auf der Bühne Sachen tue, die wahrer seien als jede Wahrheit des Lebens. Das habe dann große Kraft, das berühre die Menschen wirklich.

Zurück zu den Grenzen

Rita erzählt: »Ich bin auf einer neuerlichen Reise nach Tansania fasziniert und bewegt von der Einfachheit, dem Handfesten, Offensichtlichen und Direkten der Menschen, den Schönheiten und den Problemen hier. Und ja, die Widersprüche, die Zerrissenheit, die Ambivalenzen gehören auch dazu. Die Menschen leiden, aber sie lachen, ihre weißen Zähne blitzen, sie verkörpern buntes Leben. Die tropische Natur ist ein großes Wunder. Die Armut der Menschen und der Raubbau an der Natur schmerzen. Ich lerne ›pole pole‹ (suaheli), was langsam, langsam bedeutet. Das Richtige für mich, täglich neu. Ich lerne, dass es ›african time‹ gibt, was warten bedeutet. Allenfalls stundenlang, ohne Erklärung dafür.

Vor einigen Jahren in anderen Ländern Afrikas habe ich die Grenzen noch anders erlebt. Da war viel Trauma, viel Angst und Schmerz, Kriminalität und Armut. Sie trieben mich in die Verzweiflung, in Hilflosigkeit. Auch in einen drohenden Verlust der Kontrolle (im Verkehrsstau, wegen der Kriminalität, bei den vielen Stromunterbrechungen, allein im Haus, im Auto). Ich konnte schwer damit umgehen, weil ich aus einer ganz anderen Kultur kam. Ich hatte nicht jene Abwehr- und Überlebensstrategien, die die Einheimischen entwickelt haben.

Heute kann ich meine frühere Verzweiflung milder ausdrücken. Ich möchte notwendige Grenzen anerkennen: Ich bin hier in Tansania weder die Äquatorsonne noch die Nahrung, weder das Klima noch den allgegenwärtigen Schmutz gewohnt. Ich kann nicht jeden Notleidenden berücksichtigen und konzentriere mich auf jene, die ein Produkt anbieten – sei es eine Mango.

Nachdem ich mit Durchfall und Sonnenbrand einen Tag im Bett verbringe, werde ich vorsichtig in diesem Klima. Ich muss mich auch gegen Malaria schützen. In den Seen kann ich nicht baden, weil es darin Krokodile und Flusspferde gibt. Sicherheit ist wichtig, also gehe ich nicht mit Wertsachen und Schmuck aus dem Haus, bin umsichtig und vorsichtig. Fenster sind wegen Moskitos, Käfern und Affen zu schließen. Vor je-

dem Essen sind die Hände gut zu waschen, alles ist so schmutzig. Leben ist lebensgefährlich. In jedem Kontext auf eine andere Art.«

Konflikte handeln immer von Grenzen, Begrenzungen, Abgrenzungen. Grenzen sind gleichzeitig Orte von Kontakt, Berührung und Austausch. An den Grenzen entstehen beide: die Kontakte und die Konflikte.

Unser ganzes Leben ist begrenzt, vergänglich. Wohl dem, der das anzunehmen weiß. Es zeigt sich im Älterwerden. Rebellion? Annehmen?

Älterwerden: Revolte und Annehmen

Wenden wir uns nun einem Thema zu, das eine hohe Ambivalenz in sich trägt: das Älterwerden. Es geht um Begrenzungen und Grenzen, um Abschließen und Loslassen. In unserer Kultur werden Alter, Abschied, Trennung und Beenden meist mit Schmerz, Angst, mit Schuld- und Schamgefühlen und mit Trauer assoziiert, also mit Gefühlen, denen man gerne ausweicht. Es geht um das Beenden einer Beziehung – zu einem Menschen, zu einer Beschäftigung beziehungsweise Institution, zu einer Gewohnheit, zu einem Lebensstil. Die eigene Identität, die eigene Verletzlichkeit und Vergänglichkeit werden damit berührt, selbst der Tod als das endgültige Beenden des irdischen Lebens schwingt mit. Erinnerungen an eigene frühe und spätere und aktuelle Erfahrungen von Trennung und Beenden werden möglicherweise wieder geweckt. Bei jedem Beenden schwingt eben in Seele und Körper das ganze erfahrene Leben mit.[13]

Es gibt noch eine weitere Ambivalenz. Heutzutage ist Lebensverlängerung ein großes Thema. Die Medizin feiert die kontinuierliche Erhöhung der Lebensjahre, die Frauen und Männer erwarten dürfen. Doch diese Zahlen haben eine Schattenseite: Demenz im Alter nimmt zu, und die Alzheimer-Krankheit bringt die Forscher reihenweise zum Verzweifeln. Da stellt sich die Frage, ob es sinnvoll ist, die Lebenszeit zu verlängern, wenn es kein Heilmittel für das alternde Gehirn gibt. Es scheint heute, der Mensch lebe länger, als seine Gene es vorsehen. Man könnte es wagen, zu spekulieren, dass viele alte Menschen die Lebensverlängerung gar nicht wollen. Und sie reagieren mit Verwirrung, mit Demenz. Es scheint, als sei Demenz eine unvermeidbare Ambivalenz des medizinischen Fortschritts. Demenz als altersbedingte Normalität? Viele alte Menschen wünschen sich eigentlich nur eines: sich ausruhen zu können.

Das Leben auf dieser Erde besteht aus dem Kommen, Verweilen und Gehen von Menschen, von Lebewesen. Das Leben besteht aus Geburt, Leben und Tod. Das Schwere, das über dem Beenden zu lasten scheint, kann nach meiner Erfahrung verwandelt werden. Und zwar durch die Einsicht und dann die Erfahrung, immer wieder, dass nicht nur ein Beginnen, sondern auch ein Beenden zu etwas Neuem, Bereicherndem werden kann. Nicht ein Entweder-oder, sondern ein Sowohl-als-auch.

In unserer Zeit werden oft das Beginnen, der Neuanfang gesucht und gefeiert, und das Beenden und der Abschied werden unterschlagen; aus Trauer, Scham, Schuld. Es wird mit Glanz und Gloria geheiratet, und die Scheidung versinkt im trüben Bereich. Nicht immer. Es gibt zunehmend Frauen und Männer, die eine Scheidung ebenso ehrenwert finden wie eine Heirat. Sie versuchen, ihr die entsprechende Beachtung zu geben. Dabei geht es um die Achtsamkeit und Würdigung dessen, was war. Um Anerkennung und Dankbarkeit, sich selbst und der Partnerin gegenüber.

Im Älterwerden muss in der Regel viel beendet werden: die aktive berufstätige Phase, Abschiede von Freunden, die sterben, vielleicht auch der Tod des Partners. Körperliches Altern als Beginn von kleineren und größeren Einschränkungen, als möglicher Abschied von Aktivitäten und Möglichkeiten, die einem lieb waren und die zu einem gehörten. Das kann sehr schmerzen. Doch dass es nur noch bergab geht, das sind die fatalen Gedanken über das Älterwerden und das Alter. Es ist vor allem dann beschwerlich, wenn es mit der *Vorstellung*, es sei beschwerlich, belastet wird. Das kennen wir ja, dass die Vorstellungen, die wir uns machen, oft mehr Angst hervorrufen als die Realität selbst.

Ich sehe den Prozess des Älterwerdens gern als ein Zusammenspiel absteigender und aufsteigender Linien. Natürlich gibt es absteigende Linien: Die körperlichen Kräfte schwinden, und auch die geistigen Kräfte können abnehmen. Es gibt auch aufsteigende Linien. Die seelischen Möglichkeiten wachsen, wenn man sich mit seinem Seelenleben, mit seinen Träumen und Fantasien, Hoffnungen und Enttäuschungen auseinandersetzt. Wenn Leistungsdruck und Arbeitsbelastung abnehmen, entsteht Raum für Gelassenheit. Ein dankbares Würdigen des bisherigen Lebens im Guten und im Schwierigen stimmt versöhnlich. Auch die spirituellen/religiösen Möglichkeiten können sich im Alter erweitern. Im emotionalen und spirituellen Bereich vermag sich ein Mensch bis zu seiner Todesstunde zu entwickeln. Der unterschiedliche Verlauf der körperlichen, geistigen, emotionalen und spirituellen Entwicklung – und die Schaffung ihrer Einheit in der Persönlichkeit – vermögen eine tiefe, umfassende Sicht auf den Sinn des Älterwerdens und auf die Einzigartigkeit jedes Menschen zu geben.

Dazu gibt es die These von James Hillmann, einem Jungianer, dass Menschen nicht nur dank des medizinischen Fortschritts älter werden als bisher. Auf der seelischen Ebene gehe es um die Entwicklung der eigenen Persönlichkeit, des einzigartigen Charakters. Und die Tatsache, dass der medizinische Fortschritt nicht voll greife, bedeute eine Chance zum Üben von Mitmenschlichkeit, von Mitgefühl und von Liebe. Die Seele wolle wachsen, sich entwickeln, lebendig sein.

Ambivalenz des Beendens

Ist es denn immer so klar, was beendet werden soll? Ist ein Mensch absolut sicher, dass ihn sein Partner unglücklich macht? Ist es wirklich die Beziehung, die beendet werden muss? Oder sollen vielmehr die Illusionen über Partnerschaft beendet werden, die Illusion über sich selbst und die Erwartungen an den andern? Die absurde Hoffnung, dass man einen anderen Menschen noch verändern kann? Ist es klar, dass die berufliche Stelle keine Entwicklung mehr zulässt – oder steht etwas anderes an? Eine Fortbildung, eine Selbsterfahrung, um den eigenen Illusionen auf die Spur zu kommen?

So wenig klar es oft ist, *was* beendet werden soll; so schwierig kann der Entscheid sein, ob und wie beendet werden soll. Ängste, Schuldgefühle und mögliche Scham – was könnten die anderen denken? – hindern oft am Beenden einer unbefriedigenden oder überlebten oder blockierenden Situation. Und weil vielen Menschen das Gewohnte – selbst wenn es nur noch behindert und einengt – doch noch lieber ist als das Unbekannte, das Neue, verharren sie und beenden nicht. Selbst eine unglücklich machende Arbeitsstelle oder Partnerschaft vermittelt eben eine gewisse Sicherheit. Und sie aufzugeben ist für die meisten Menschen beängstigend.

Erst die negativen Gedanken, die Wertungen, Abwertungen und Vergleiche machen so richtig unglücklich.

Es gibt eine inspirierende Methode (The Work) von Katie Byron, um den eigenen Gedanken auf die Spur zu kommen, um zu prüfen, ob eine Realität, eine Beziehung beendet werden muss oder vielmehr unser Denken darüber. Es geht dabei darum, vier entscheidende Fragen zu stellen:

1. Stimmt das (was ich denke und sage)?
2. Kann ich absolut sicher wissen, dass es stimmt?
3. Wie reagiere ich auf diesen Gedanken?
4. Wer oder was wäre ich ohne diesen Gedanken?

Diese Fragen eröffnen die Möglichkeit, das Gegenteil dessen zu erfahren, was man denkt. Und es eröffnen sich neue Möglichkeiten des Denkens und Handelns – jenseits von quälenden Ambivalenzen.[14]

Imaginieren wir jetzt einen Dialog zwischen zwei Kollegen:

»Weißt du, ich fühle mich unglücklich und eingeengt in meiner Arbeit. Ich hätte früher gehen sollen, jetzt ist es zu spät.«
»Stimmt das?«
»Ja, ich bin unglücklich. Und ich habe mich in meinem Unglück verschanzt und gebe mir keine Chance mehr, mir nicht und auch meinen Kollegen und meinem Chef nicht. Und jetzt noch wechseln, nein, das kann ich mir nicht vorstellen. Da fehlen mir Kraft und Zuversicht.«
»Kannst du absolut sicher wissen, dass es stimmt, dass du dich unglücklich und eingeengt fühlst in deiner Arbeit?«
»Absolut sicher, dass ich unglücklich bin? Ich weiß nicht. Vielleicht wäre ich ja an einer anderen Stelle noch unglücklicher.«
»Wie reagierst du auf den Gedanken: Ich fühle mich unglücklich und eingeengt in meiner Arbeit?«
»Es ist mein tägliches Elend. Ich weiß nicht, wie ich da herauskomme. Vielleicht brauche ich mehr Kontakt. Ich spreche nie darüber. Aber das Gespräch mit dir, jetzt gerade, das tut mir sehr gut.«
»Wer oder was wärst du ohne den Gedanken, in deiner Arbeit unglücklich und eingeengt zu sein?«
»Ja, dann wäre ich vielleicht ein Mensch, der etwas verändern kann; Mann, ich bin doch freier als ich denke. Ich enge mich selber ein und vergrabe mich. Schon der Versuch eines Aufbruchs wäre die Mühe wert.«

Imaginieren wir einen weiteren kurzen Dialog zwischen zwei älteren Menschen:

»Weißt du, allein leben im Alter ist einfach schrecklich. Ich könnte ebenso gut sterben.«
»Stimmt das?«
»Es dünkt mich, ja, ich erlebe es so.«
»Kannst du absolut sicher wissen, dass es stimmt?«
»Tja, absolut sicher ist man nie. Manchmal bin ich froh, al-

lein zu leben. Früher in der Ehe war es auch nicht immer toll. Oft genieße ich meine Freiheit, meine Ruhe. Ich bin nicht absolut sicher, dass Alleinsein so schrecklich ist, aber oft fällt mir die Decke auf den Kopf. Ich fühle mich einsam.«

»Alleinleben ist schrecklich: Wie reagierst du auf diesen Gedanken?«

»Es geht mir ganz schlecht dabei. Es zieht mich hinunter. Ich träume vom Märchenprinzen im Alter. Ich weiß so wenig mit mir anzufangen. Und ich muss mich immer schrecklich aufraffen, hinauszugehen – dabei habe ich gute Freundinnen. Und kürzlich hat mich ein netter Nachbar zu einem Glas Wein eingeladen.«

»Wer oder was wärst du ohne den Gedanken, dass allein leben im Alter schrecklich ist?«

»Ohne diesen Gedanken? Ich glaube, das wäre verheißungsvoll. Und ab und zu verlockend, um etwas zu unternehmen. Ich bin ja niemand Rechenschaft schuldig; ich bin frei. Vielleicht könnte ich dann anfangen zu überlegen, wie ich mein weiteres Leben gestalten möchte.«

Am Schluss der beiden Dialoge werden Optionen sichtbar. Falls sie ergriffen werden können, wären es Möglichkeiten, die quälenden Ambivalenzen zu überwinden. Nicht immer gelingt ein solcher Dialog Erfolg versprechend. Doch die vier Fragen lockern den Geist, relativieren negative Gedanken und eröffnen Alternativen. Dies dient zur Klärung, was beendet werden soll: eine Beziehung, eine Arbeit – oder die Gedanken und die Illusionen darüber. Oder beides. Die Veränderung beginnt in Kopf und Herz.

Die Kunst des guten Beendens: Kunst kommt von Können, setzt Neugier, Fantasie und Kreativität voraus – und ist ein Geschenk, eine Gnade. Der Glanz eines Kunstwerks rührt vom Schmerz, den man nicht mehr sieht, hört, spürt. Die Kunst des Beendens widmet sich der Gestaltung der großen Lebensfragen, Leben, Liebe und Tod. Es interessiert mich, auf welche Weise Menschen unterschiedlichster Art und Prägung ihrem Leben eine Gestalt geben, also Leben, Liebe und Tod zu ihrem eigenen, unverwechselbaren Dasein formen. Darum geht es doch: sein eigenes Leben zu leben.

Ein selbst gewähltes Beenden ist immer ein längerer bis langer Prozess mit vielen einzelnen Phasen, die gewürdigt werden wollen. Am Anfang steht die *Ahnung*, dass etwas nicht mehr stimmt im eigenen Leben beziehungsweise zu viel oder überlebt ist; dass etwas beendet werden soll. Es ist das *Wahrhaben einer Einschränkung, einer Überlastung, einer blockierten Entwicklung.* Das will geprüft werden, so wie wir es oben mit den vier Fragen angedeutet haben: Ist die Realität unerträglich oder sind es die Gedanken darüber? Die Situation, die unerträglich geworden ist, will *anerkannt und gewürdigt* werden: So ist es, und es ist nicht gut so, es will etwas beendet werden. Das Gute und Ungute im Gestern wollen adäquat gewürdigt werden. Oft tauchen dann *Zorn* und *Wut* auf. Es wird mit dem Schicksal gehadert. Was muss ich beenden, um weiterzukommen? Und weshalb gerade ich? Die *Einsicht in eine notwendige Veränderung* ist ein nächster möglicher Schritt. Einsicht führt zur *Entscheidung. Wehmut* und *Trauer* kommen hoch, *Schuld* und *Scham* können sich melden, denn »das macht man doch nicht«.

Trauer ist eine notwendige Voraussetzung, um eine Situation, eine Beziehung zu beenden. Durch die Trauer kann der Verlust schließlich angenommen, gewürdigt und ins eigene Leben integriert werden. In der Trauer bringen wir dem Beendeten, dem Verlorenen nochmals unsere Liebe und Dankbarkeit dar. Wenn Trauer in Liebe, in Mitgefühl und in Versöhnung gelebt werden darf, kann sie leicht werden. Ich möchte dazu den Dalai Lama zitieren: »Um dauerhaftes Glück zu erlangen, müssen wir die Natur des Leids kennen.« Und Rumi: »Trauer kann zum Garten des Mitgefühls werden.« Diese beiden Kalendersprüche verweisen auf ein tiefes Einverständnis ins Lebensprinzip von Kommen und Gehen, Leben und Tod, Licht und Dunkel, Werden und Vergehen.

Kleine Meditation über das Einverständnis mit dem Jetzt

Der heutige Tag, der gegenwärtige Moment: Das ist das Jetzt. Es ist real, einzigartig, unwiederbringlich. Jetzt. Es ist nie so schön wie jetzt. Es ist nie so schön wie jetzt, weil es nichts Kostbareres gibt als den jetzigen Augenblick. Ich atme, das Herz schlägt, alles ist da. Jetzt. Selbst wenn mir die Tränen zuvorderst sind, ich verstimmt bin – jetzt findet mein Leben statt. Was ich in meinem Leben geworden bin, kulminiert im jetzigen Moment. Was ich werden möchte, nimmt im jetzigen Moment seinen Ausgang.

Vielleicht möchte ich mich bedanken für diese Gegenwart, für mein Hiersein. Sehr viele Menschen haben dazu beigetragen, dass der gegenwärtige Moment möglich geworden ist und jetzt stattfindet. Das koste ich mit allen meinen Sinnen aus. Vielleicht hat das Jetzt eine Farbe – einen Geruch – einen Klang. Ich lasse mich vom Jetzt durchströmen, erfüllen, beleben. Ich bin im Einverständnis mit dem Jetzt. Ich sage Ja.

Gutes Beenden ist ein Eintauchen in den Fluss des Lebens, in die Abfolge von Tag und Nacht, von Jahreszeiten und Lebensalter, in Leben und Tod. Das hat etwas Versöhnliches, Tröstliches. Und es verbindet mit den anderen Menschen und dem Universum. Der Fluss fließt, wir können ihn nicht anhalten. Der Tag endet, die Nacht kommt. Die Nacht endet, der Tag kommt. Dasselbe mit den Jahreszeiten. Wenn wir uns in diesen Fluss des Lebens ergeben, gehören wir zum Universum und fühlen uns zugehörig.

Zauber des Beendens: Dazu gehören Gelassenheit, Großzügigkeit, Dankbarkeit.

Gelassenheit – das mag wie die Natur sein, die immer wieder zu neuem Blühen erwacht und sich von den furchtbarsten Verwüstungen erholt. Es mag der lächelnde Buddha sein. Vielleicht ist es ein alter Mensch, der sich vor gar nichts mehr fürchtet und gelassen dem Tod entgegenblickt. Ich habe schon gehört, dass man dem Tod ins Gesicht lächeln kann. Und dass man lächeln oder lachend sterben möchte. Beides ist Ausatmen. In Würde und Achtsamkeit.

Ambivalente Bedürftigkeiten

*Intime Bindungen an andere menschliche Wesen
sind der Angelpunkt, um den sich das Leben
eines Menschen dreht, nicht nur im Säuglings-,
Kleinkind- oder Schulalter, sondern auch während
der Adoleszenz und der reifen Jahre bis in das Alter.*
James Bowlby

Komm bitte zu mir, sei mir nahe – geh weg, lass mich in Ruhe!

Idealisieren und entwerten, an sich ziehen und wegstoßen, anflehen und beschimpfen.

Das übergroße Bedürfnis nach Schutz und Hilfe – und absolute Hoffnungslosigkeit, weil jede Hilfe sowieso unzulänglich ist. Retterfantasien, Größenfantasien, Heilungswahn und Verzweiflung.

Nähe und Distanz. Abhängigkeit und Eigenständigkeit. Liebe und Hass.

In den sozialen Beziehungen, und insbesondere in den nahen Bindungen, finden wir ambivalente Bedürftigkeiten.

»Ich habe ihnen alles angeboten, was ich habe – und es reicht nie.« Ebenso: »Ich hasse dich, weil ich dich so liebe.« – »Ich habe alles gegeben – aber es war nie gut genug.« – »Ich kann sagen, was ich will, es ist nie das Richtige.« – »Ich kann mir wünschen, was ich will, ich werde nie gehört.«

Sicherlich fallen uns zu diesen Aussagen auch Personen ein. Wahrscheinlich Personen aus dem nahen, intimen Bereich: Eltern, Geschwister, Kinder, Partner. Die Ambivalenz der Gefühle macht das Heikle an den familiären Beziehungen aus. Liebe und Hass werden gleichzeitig als starke Bindungen erlebt und wirken dadurch bedrohlich. Das Wahrnehmen und Aushaltenkönnen von Liebe und Hass ist denn auch immer ein Reifungsschritt, weil die Ambivalenz der Gefühle und Bedürftigkeiten integriert werden kann. Beides gehört zu uns. In intimen Beziehungen sind wir im Kern anhänglich, bedürftig und verletzlich. Wenn diese Gefühle und Bedürfnisse nicht erwidert werden oder abgewehrt werden müssen, werden Enttäuschung, Skepsis, Gleichgültigkeit oder Hass vorherrschend – als extreme Abwehrformen, um die Gefühle der Hilflosigkeit nicht spüren zu müssen.

Wenn Frauen und Männer zu sehr lieben, lieben sie den und die anderen mehr als sich selbst. Sie passen sich an, tun viel und zu viel für andere. Wer viel und gar zu viel gibt, erwartet meistens – unbewusst, uneingestanden – einen Dank. Sonst wären solche Sätze, wie die oben erwähnten, gar nicht möglich: »*Ich habe alles gegeben, aber es hat dir nie gereicht.*« Eine vermeintliche Großzügigkeit im Geben, im Verschenken, im Diensteleisten kann einen ambivalenten Kern enthalten.

»*Weißt du, ich wäre so froh, wenn du mir helfen könntest. Aber wenn du nicht magst, so lass es sein.*«

»*Ich möchte dir gerne dieses Buch schenken. Kannst du es mir später ausleihen, weil ich es auch gerne lesen möchte?*«

Jemand möchte geliebt und anerkannt werden und macht aus ambivalenter Bedürftigkeit halbherzige Anfragen und Geschenke. Das ist nicht einfach zu nehmen – oder zu lassen, wenn man sich nicht verstricken will. Wechselseitige ambivalente Bedürftigkeiten sind dazu angelegt, sich mit dem anderen zu verstricken. Das gut Gemeinte ist das Allerschlimmste, denn es verbirgt eine verborgene oder nicht eingestandene Absicht.

Ein Beispiel: Andreas, 35-jährig, ist seit fünf Jahren glücklich, wie er sagt, verheiratet. Er und seine Frau sind Computerspezialisten, die in zwei verschiedenen Firmen arbeiten. Bei der Heirat versprach er seiner Frau, zum einen andere Frauen und zum anderen seinen Pornokonsum im Internet sein zu lassen.

Er ist ein anhänglicher, zärtlicher und ausgesprochen anlehnungsbedürftiger Partner. Eine Frau sein zu nennen und an ihrer Seite Halt zu finden passt ihm. Deshalb hat er sich seiner Frau gegenüber zu Versprechungen hinreißen lassen. Sie helfen ihm nicht, seine erotischen Spielereien sein zu lassen. Er hat die Versprechungen gemacht, um die Frau zu halten.

Die Frau hat ihre Skepsis, die sie von Anfang an hatte, nicht ernst genommen. Auch sie wollte diesen Mann an ihrer Seite. So hat sie ihm aus ambivalenter Bedürftigkeit heraus geglaubt.

Ambivalente Bedürftigkeiten gehören zu jeder intimen Beziehung. Sie ist der Ort, wo man, wenn überhaupt, sich Bedürftigkeiten eingestehen und sie zeigen kann. Und weil man sich dadurch verletzlich und abhängig zeigt, schleicht sich die Ambivalenz ein. Das ist vorerst weder gut noch schlecht. Die Frage ist, wie immer wieder betont, der Umgang damit. Wir gestehen uns unsere ambivalente Bedürftigkeit ein. Wir halten sie aus. Wir erlauben sie uns. Im besten Fall können wir sie immer wieder erkennen und überwinden.

Ein Beispiel: Werner spielt in seiner Freizeit leidenschaftlich und gekonnt Violine. Unter anderem spielt er in einem Streichquintett mit Freunden. Dabei ist auch sein bester Freund. Werner ist ehrgeizig, sein Freund nicht. Das gibt immer wieder Anlass zu Streitigkeiten. Werner möchte einen genialen Freund, der im Quintett brilliert.

Nun erhält Werner die Einladung, in einem weiteren Streichquintett mitzuspielen. Er weiß, dass er keine Zeit- und Kraftreserven mehr hat. Weil er im bisherigen Quintett Mühe hat mit seinem Freund Urs, ist er sehr geneigt, die neuerliche Einladung anzunehmen. Er weiß gleichzeitig klar, dass es ihm zu viel wäre. Er kann sich nicht entscheiden. Er möchte nicht flüchten, nicht ausweichen.

Es dauert Monate, bis Werner eines Morgens über sich selbst den Kopf schüttelt. Weshalb soll sein Freund im Quintett brillant spielen? Woher hat er, Werner, seine Ansprüche, seine Besessenheit? Das kann doch nur eine tiefe Bedürftigkeit nach Anerkennung sein, die Werner seinem Freund überstülpt. Werner erschrickt über sich selbst. Nie mehr will er seinem Freund gegenüber Ansprüche stellen. Und weshalb ist er überhaupt zu dieser Erkenntnis und zu diesem Entscheid gekommen? Es muss eine Diskussion im Freundeskreis gewesen sein, die etwas in Werner zum Klingen brachte.

Geschwister

Ambivalente Bedürftigkeiten gehören ganz elementar zu den Geschwistern. Sie haben sich nicht ausgewählt und sie bleiben ein Leben lang miteinander verbunden; bewusst oder unbewusst. Gleichgültigkeit existiert nicht bei Geschwistern. Wenn sie behauptet wird, ist es Abwehr von feindseligen Gefühlen. Geschwister gehen miteinander auf Kriegspfad und rauchen danach die Friedenspfeife. Sie lieben und hassen sich ganz offen und ungeniert. Sie brauchen sich und möchten sich gegenseitig ins Pfefferland wünschen.[15]

Die Ambivalenz der Gefühle macht das Heikle und Diffizile an den Geschwisterbeziehungen aus und wird dementsprechend gefürchtet. Liebe und Hass werden gleichzeitig als starke Bindungen erlebt und wirken beide bedrohlich. Im günstigen geschwisterlichen Aufwachsen können sie beide erlebt, ausgehalten und integriert werden. Das zeigt sich in Äußerungen wie »*Komm ganz nah zu mir – geh doch endlich weg.*« – »*Ich hasse dich, weil ich dich so liebe.*« – »*Komm, hau ab!*«

Wenn unter Geschwistern ernste Probleme auftreten – ein Kind muss beispielsweise ins Krankenhaus –, erscheint diese Ambivalenz wie weggeblasen. »*Eigentlich ist es doch schön, dass du da bist*«, ist dann die Einsicht, die selbst dann bleibt, wenn es bald wieder hoch hergeht.

In Notsituationen wird Ambivalenz oft aufgehoben. Zaudern und Zögern sind nicht mehr am Platz. Die Not der Situation erfordert eine Entscheidung.

Die Ambivalenz der Gefühle spielt letztlich in allen nahen Beziehungen eine wesentliche Rolle. Das Aushaltenkönnen von Liebe und Hass ist denn auch ein entscheidender Reifungsschritt. Beides eben. Entsprechend kann Inzest, auch unter Geschwistern, einem weiteren Entwicklungsschritt im Weg stehen. Wenn die eine Kraft – Liebe oder Hass – innerfamiliär verabsolutiert wird, können spätere Liebesbeziehungen damit verunmöglicht werden.

Im Bestehen von Ambivalenzen kann sich die spezifisch geschwisterliche Beziehung entfalten, ohne in Geschwisterliebe oder Geschwisterhass blockiert zu werden. Im bedrohlich Naheliegenden dieser Extreme dürfte ein Grund liegen, dass das Thema der Geschwister oft vernachlässigt beziehungsweise so stereotyp behandelt wird. Dabei werden sowohl die große Bedeutung, die Geschwister füreinander lebenslang haben, als auch das Entwicklung und Identität fördernde Element des konstruktiven geschwisterlichen Rivalisierens unterschlagen.

Hilflosigkeit, Verletzlichkeit und eine große Bedürftigkeit nach Geborgenheit und Nähe sind häufig vorkommende geschwisterliche Regungen bei Erwachsenen, die über ihre Geschwister sprechen. Wenn diese Gefühle und Bedürfnisse abgewehrt werden müssen, werden Enttäuschung, Skepsis, Gleichgültigkeit oder Hass vorherrschend. Sie wirken in jedem Fall entwicklungshemmend.

Im Alltag begegnen wir immer wieder Menschen, die sich früher oder später als Frauen oder Männer erweisen, die unseren Geschwistern zu gleichen scheinen. Wir nennen diese Prozesse Geschwisterübertragungen, weil wir unsere Schwestern- und Brüderbilder auf andere Personen übertragen. Unbewusste Fantasien über ein Geschwister und Erlebnisse mit ihm wecken beispielsweise unseren Wunsch, mit einer bestimmten Person in Kontakt zu kommen oder mit ihr zu arbeiten. Etwas Unerklärliches zieht uns magisch an – und stößt uns ab. Eben beides. Natürlich haben wir auch über diese neue Person Fantasien. Sie werden der betreffenden Person meistens nicht gerecht, weil sie eigentlich den Bruder oder die Schwester meinen. Verinnerlichte Konflikte drängen dazu, sich erneut in Beziehungen wiederzubeleben. Solche Übertragungen zeugen von der Vitalität und der Unveränderbarkeit der ins Unbewusste verdrängten Wünsche.

Geschwisterübertragungen werden viel seltener beschrieben als Mutter- und Vaterübertragungen. Die Geschwisterübertragungen sind uns weniger geläufig und weniger vertraut, auch wenn sie ebenso häufig vorkommen wie die elterlichen Übertragungen.

In der Adoleszenz prägt die Ambivalenz des Drängens nach außen und des Verweilens in der Familie, der Widerstreit zwischen Progression und Regression, die Geschwisterbeziehungen. Die Geschwister grenzen sich hinsichtlich ihrer adoleszenten Identitätsbildung voneinander ab und beziehen sich wechselseitig aufeinander.

Die geschwisterliche Bezogenheit entfaltet sich zwischen Ähnlichkeit und Unterschied, Wunsch und Abwehr. Geschwister sind füreinander begehrte Ähnliche und ganz Andere; und sie sind in dieser starken Ambivalenz Spielgefährten, Rivalen, Geliebte und Gehasste, Vorbilder und Hindernisse. Bewusste und unbewusste Fantasien über den eigenen Platz in der Familie, zu den Eltern und unter den Geschwistern, gestalten das Erleben. Die Bedeutung des geschwisterlichen Geschehens in der Spanne zwischen »Ich bin wie du« und »Ich bin ganz anders als du« erscheint zentral. So wird die enge Verquickung von Bedrohung und Belebung verständlich, die Geschwister ein Leben lang begleitet und sie immer wieder als Unheimlichkeit der Heimlichkeit anrührt. Die Bewusstmachung wird zum lebenslangen Prozess. Der Bruder und die Schwester sind und bleiben Teile von einem selber, in inneren und äußeren Ähnlichkeiten und Unterschieden erkennbar, aus Überlebensgründen früher abgewehrt, aus Sehnsucht später wieder bewusst gesucht.

Erwachsene bedürfen im Lauf ihres Lebens immer wieder der Klärungen der Geschwisterbeziehungen beziehungsweise der geschwisterähnlichen Beziehungen. Dies betrifft ganz wesentlich das mittlere und ältere Erwachsenenalter, wo die Mütter- und Väterfiguren im familiären und übertragenen Sinn sterben und die Auseinandersetzung mit den Gleichaltrigen und mit dem eigenen Älterwerden wichtiger wird. In der Besinnung auf die längsten Beziehungen im Leben, die Geschwister, taucht oft unerwartet im mittleren Lebensalter die Sehnsucht auf, mit ihnen wieder in Kontakt und Austausch zu treten. Zum Prozess des Älterwerdens gehört es, frühere, in der Kindheit wichtige und Identität bildende

Unterschiede relativieren zu können und sich auf die heute altersgemäßen Ähnlichkeiten und Gemeinsamkeiten zu besinnen. Das erleichtert ein Zugehen auf die Geschwister.

Oftmals wird die Wiederannäherung von Geschwistern im Erwachsenenalter durch äußere Gründe wie der Tod der Eltern, die Krankheit eines Geschwisters oder durch Erbschaftsschwierigkeiten zu einem Zeitpunkt notwendig, in dem die innere Bereitschaft noch nicht vorhanden ist. In diesem Fall stellt sich die Frage, ob die äußere Verpflichtung auch die innerliche Bereitschaft fördern kann, im jetzt erwachsenen Geschwister einen gleichwertigen und ebenbürtigen Menschen zu erkennen, der sich ebenfalls seinen Platz im Leben geschaffen hat. Natürlich erwecken familiäre Pflichten auch früher geltende Verpflichtungen und Loyalitäten wieder zum Leben. Erwachsene Geschwister haben diese Hürden zu meistern.

In solchen Situationen tauchen immer wieder Erinnerungen auf an das früher, am ursprünglichen und unwiederbringlichen Ort in der Familie Erlebte. Das geschwisterliche Begehren sucht und schafft sich im Erwachsensein andere und neue Orte neben und jenseits dieser früheren Unwiederbringlichkeit.

Neben die Geschwister stellen sich Freunde und Freundinnen, Kollegen und Liebespartner. Frauen und Männer, Schwestern und Brüder, stehen einander gegenüber oder stehen nebeneinander, nehmen einander bewusst wahr, sind von unbewussten Fantasien geprägt und sind alle gleichermaßen dem Leben und dem Tod preisgegeben. Das ist zutiefst verbindend und bedeutet, vor allem in Übergangsphasen und im Älterwerden eine gemeinsame Realität. Das weitgehend unbewusste und doch spürbare Dunkel von Schuld und Bedrohung tragen die Schwester und der Bruder je in ihrem eigenen Inneren aus. Es findet nicht mehr in der gegenseitigen Projektion, in Vorwurf und Beschimpfung statt. Dann erst kann es möglich werden, dass Geschwister sich ihre Gefühle mitteilen, sie austauschen, ohne eine Reaktion einfordern zu müssen. Durch diese Eigenverantwortung werden lebendige und anerkennende Beziehungen unter Geschwistern und Gleichwertigen erst möglich.

Geschwisterbeziehungen bewegen sich auch im Erwachsenenalter zwischen Wunsch und Abwehr. Den Wünschen nach Nähe und Gemeinsamkeit, Lebendigkeit und Gleichsein stehen die unterschiedlichsten Abwehrformen gegenüber: Neid, Eifersucht, Abwertung, Gleichgültigkeit, Aggression. Abwehr schafft Distanz. Je mehr wechselseitige Teilhabe sich Geschwister zutrauen, desto eher können sie schwierige Gefühle aushalten und teilen. Das bedeutet bereits einen Schritt aufeinander zu. Grundsätzlich kann man sich allen Menschen von der Wunschseite oder eben von der Abwehrseite her nähern. Das gilt insbesondere für die Geschwister und ihre Beziehungen.

Wenn bei Erwachsenen in hohem Maße Ambivalenzen in störender Hinsicht ausgeprägt sind, ist es immer sinnvoll, in den früheren beziehungsweise aktuellen Geschwisterbeziehungen nachzuforschen. Wenn »etwas in mir« die eine Seite favorisiert, ohne die andere lassen zu können, dann könnte das auf familiär-geschwisterliche Erfahrungen zurückführen. Ebenso kann dies der Fall sein, wenn wir Menschen in Kippbildern, einmal so, einmal anders, erleben, die nicht verständlich sind.

Geschwisterbeziehungen bieten Herausforderungen in jeder Hinsicht an, zu Krisen, Ambivalenzen. Zu Wachstum und Entwicklungen. Im Herstellen von Ebenbürtigkeit und Gleichwertigkeit, Zusammengehörigkeit und Solidarität.

Das Leben und Ringen, Verlieren und Wiederfinden in Liebe und Hass unter den Geschwistern bedeutet ein Akzeptieren der Zusammengehörigkeit in der eigenen Generation und Welt, ein Einverständnis mit den anspruchsvollen Formen von Gegen- und Wechselseitigkeit und eine Absage an die Hierarchie. Liebe, Hass und Solidarität und eben erwähntes Akzeptieren, Einverständnis und Absage begründen mögliche Solidarität. Im Geschwisterlichen und in dessen Weiterführung und Ausgestaltung unter sozialen Schwestern und

Brüdern erkennen wir die Umrisse denkbaren und wünschbaren solidarischen Handelns von Menschen überhaupt.

»Warum weinst du, Schwester? In dieser Welt sind bereits viele Menschen im Kampf für den Frieden, für die Menschenrechte, für Freiheit und Gerechtigkeit getötet worden. Aber niemand kann sie wirklich vernichten. Sie existieren noch immer. Glaubst du wirklich, Schwester, diese Menschen sind ›tote Leute‹? Nein, sie sind immer noch hier. Wir sind sie. Wir tragen sie in uns, in jeder Zelle unseres Körpers. Lächle bitte. Lächle voller Gelassenheit und zeige uns, dass du tiefes Verstehen und großen Mut erlangt hast. Dein Bruder.«[16]

Einladung: Lächeln und Achtsamkeit II
Jede Blüte lächelt mit mir

Jede Blüte lächelt mir. Jede Blüte lächelt mit mir.

~

Unser Lächeln bestärkt uns in der Bewusstheit und Achtsamkeit und im Entschluss, in Frieden und Freude zu leben.

Achtsamkeit und nicht bewertende, nicht urteilende Wahrnehmung nehmen dem Stress, der Ambivalenz, der Zerrissenheit negative Kraft. Der gegenwärtige Augenblick wird so wahrgenommen, wie er ist, auch wenn es schmerzhaft ist. Es ist so. Damit eröffnen sich Denk- und Handlungsspielräume.

~

Oftmals kommen unsere Wünsche und die Realität in unserem Leben nicht zusammen. Ein Riese zerquetscht uns zwischen seinen Fingern. Wir befinden uns zwischen Teufel und Beelzebub. Wir fühlen uns wie der Esel, der zwischen zwei Heuhaufen verhungert. Solche »Zwickmühlen« sind unsere Lehrmeister. Sie wecken uns auf.

Die Gedanken kommen und gehen. Sie nehmen keinen Besitz

von uns. Wir betrachten den Strom der Gedanken, ohne uns in den Inhalt hineinziehen lassen.

~

Wir lächeln unseren vorbeiziehenden Gedanken zu.

Atme, du lebst. Jeder Atemzug lächelt mit mir. Beim Ausatmen lächle ich. Oder: Beim Einatmen lächle ich. Du lächelst, und du bist Meister deiner selbst. Du lächelst deinen Nächsten an: ein glaubwürdiges Zeichen für deine Freundschaft und Liebe.

Jede Blüte lächelt mit mir. Jeder Sonnenstrahl lächelt mit mir. Im Lächeln nehme ich Verbindung auf: zu den Blumen, zu den Bäumen, zu den Vögeln.

»Ich habe mein Lächeln verloren,
aber keine Sorge.
Der Löwenzahn hat es.«[17]

Ein Lächeln verströmt ein Gefühl des Friedens.

Sehet die Lilien auf dem Feld. Sie lächeln. Sie arbeiten nicht und wachsen doch.

Wenn du dein Lächeln suchst, gehe hinaus in die Natur und finde es.
Wenn du dein Lächeln gefunden hast, schenke es dem nächsten Menschen, dem du begegnest.

Jede Blüte lächelt mir zu – ich bin verbunden mit der Natur, mit den Blumen und Bäumen, mit den Tieren, mit den Felsen und mit dem Wasser.
Ich lächle der Blüte zu – die Blüte lächelt mir zu.
Ich bin die Blüte – ich bin fein und sanft. Ich blühe.
Ich lächle dem Bächlein zu – das Bächlein lächelt mir zu.
Ich bin das Bächlein – ich bin frisch, im Fluss, klar, kühlend.
Ich lächle dem Bergfelsen zu – er lächelt mir zu.
Er ist stark – ich bin stark.

~

3. Auf einmal ist alles anders

Auf einmal ist alles anders? Was hat das mit unseren Themen zu tun? Ambivalenz. Lächeln.

Plötzlich tut sich der Boden auf. Wie bei einem Erdbeben. Von einer Sekunde zur nächsten ist alles anders. Zuvor hat man das Gewohnte erlebt, in den Gewohnheiten gewohnt.

Gewohnheiten sind ambivalent. Einerseits geben sie ein Gefühl von Geborgenheit und Vertrauen, schaffen Heimat. Anderseits können sie zur täglichen Routine verkommen und damit ein Korsett, eine Fessel bilden – einengend, langweilig. Wenn sich auf einmal alles ändert, ist es in der Regel ein Schock. Da verschwinden Ambivalenzen, denn jetzt ist Überleben angesagt. Ambivalenzfrei. Das Lächeln gilt es noch zu entdecken.

»Auf einmal ist alles anders« meint, dass wir manchmal keine Wahl haben im Leben. Keine Zwickmühle, keine Qual der Wahl, keine Ambivalenz.

Nichts mehr ist wie zuvor

Nicht wenige Menschen überstehen schreckliche, das Leben krass verändernde Ereignisse ziemlich gut oder sogar sehr gut. Persönliche und kollektive Katastrophen, die das Leben von einer Sekunde zur anderen jäh verändern; Verluste, Krankheiten, Todesfälle, Traumata: Sie hinterlassen in den Menschen unterschiedliche Spuren. Wie ein Mensch einen Schicksalsschlag bewältigt, hat entscheidend mit seinen bisherigen Lebenserfahrungen zu tun. Insbesondere spielt es eine Rolle, ob in den frühen Jahren eine sichere Bindung zu Menschen, zur Welt und zu sich selbst entwickelt werden konnte. Ein Schicksalsschlag oder ein Trauma, das auf ein früheres, nicht Verarbeitetes folgt, wird einschneidender und belastender erlebt als ein erstmaliges Trauma.

Es gibt eine menschliche Fähigkeit, mit Widrigkeiten und Verlusten umzugehen. So wie es auch in der Natur der Fall ist. Wir nennen das Resilienz, die psychische Widerstandsfähigkeit, die bedeutet, dass jemand unter äußerem Druck nicht überschwemmt, überwältigt oder zerbrochen wird, sondern konstruktiv mit der Krise umgehen kann. Resilienz ist nach heutigen Erkenntnissen lernbar; je früher desto besser. Resilienz kann aber auch noch im Erwachsenenalter trainiert und nachhaltig gestärkt werden.

Sigmund Freud definierte den gesunden Menschen als jemanden, der lieben, arbeiten, genießen und Ambivalenzen aushalten kann. Diese Definition meint auch die Resilienz.

Panikanfälle, Herzrasen, Schwindel, Todesangst, Entsetzen, Sucht, Selbstverletzung und anderes: Viele Beschwerden gründen in extrem belastenden seelischen Erfahrungen. Trauma meint Verletzung, körperlich oder/und seelisch. Und zwar im Sinne, dass jemand etwas zustößt, das ihn oder sie völlig überrollt, überschwemmt und alle seine Schutzmechanismen – auch die Resilienz – außer Kraft setzt. Dann setzen die oben erwähnten Beschwerden ein. Am traumatischsten sind Traumata, die ein Mensch einem anderen Mensch zugefügt hat: durch Schaden, Verletzung, Verrat, Lüge beziehungsweise Verschweigen, Demütigung, Vergewaltigung, Folter. Wenn die Natur verletzt, beispielsweise durch Blitzschlag, Überschwemmung oder Erdbeben, durch eine böse Erkrankung oder einen Unfall ohne Einwirkung Dritter, dann ist es auch schlimm. Die Einteilungen sind nicht trennscharf. Aber wir wissen, dass Menschen anderen Menschen das Schlimmste zufügen.

Noch nie war so viel von Trauma die Rede wie heutzutage. Hat es mit unserer auf Opfer fixierten Gefühlskultur zu tun, mit der heutigen medialen Aufmerksamkeit für das Katastrophale, Krankmachende und für die Kranken aller Art? Ist es eine Errungenschaft, dass wir Trauma heute erkennen und vor allem behandeln können? Beides eben.

Trauma hat mit unaushaltbaren Widersprüchen und mit Spaltung und Dissoziation zu tun, eine Störung, bei der es zu einem teilweisen oder völligen Verlust von psychischen Funktionen wie des Erinnerungsvermögens, eigener Gefühle oder Empfindungen (Schmerz, Angst, Hunger, Durst), der Wahrnehmung der eigenen Person und/oder der Umgebung sowie der Körperkontrolle kommen kann.

Die Betonung liegt auf dem, was nicht auszuhalten ist. Widersprüche gehören gemeinhin zum Leben. Sie können uns quälen, wir können versuchen, sie zu verwandeln, wir können sie zu lösen versuchen, indem wir die Psychodynamik der betreffenden Person verstehen.

Unaushaltbare Widersprüche lähmen. Sie zwingen möglicherweise zu Abspaltung und Dissoziation – zu Fluchtmanövern angesichts des Schreckens, der geschehen ist und im Bewusstsein immer wieder geschieht – in Form von Flashbacks, von schlimmen Erinnerungen, von Übererregung und von Alpträumen.[18]

Unaushaltbare Widersprüche bedürfen der traumatherapeutischen Behandlung, um sie zu aushaltbaren Widersprüchen werden zu lassen, aber erst dann, wenn das Trauma anhält und sich die Belastungsstörung nicht legt. Heute weiß man, dass es gewissen Menschen, die direkt nach einer Katastrophe psychologisch betreut werden, Jahre später schlechter ging als jenen, die nicht behandelt wurden. Unsere Erfahrungen an der Trauma Clinic in Johannesburg/Südfrika gingen mehrheitlich in dieselbe Richtung. Wir stellten jedoch auch fest, dass ein Trauma, das einer festen Gruppe (Arbeitsteam, Familie und andere) zustößt, die Teilnehmer dermaßen voneinander isoliert, dass es sinnvoll ist, die Kontakte untereinander wiederzubeleben, die Mitglieder wiederzuverbinden, damit sie sich gegenseitig beruhigen können.[19]

Ambivalenz kann ein Widerstand sein, weil das Leben so schmerzt. Mein Leben ist sinnlos – ich lebe weiter. Mit diesem Widerspruch lässt sich weiterleben. Die Gegensätze gehören zusammen. Spricht jemand nur von politischen Themen, dann werden wir das Persönliche mitdenken. Spricht jemand von Trauer, suchen wir nach Wut. Spricht jemand nur von seiner großen Wut, so spreche ich die Trauer an. Spricht jemand vom Krieg, dann gilt es, Harmoniewünsche zu bedenken. Und auch hier gilt die Umkehrung. Wer sich auf eine Seite schlägt, dem fehlt etwas von der anderen Seite. Wir haben herauszufinden, was fehlt. Dann kann sich die gesamte Gestalt ergeben.

Wer bist du?

Ein Mitmensch, eine Partnerin, ein Vater, eine Schwester hat soeben etwas gehört, das ziemlich verstört und das mit der Beziehung, die er oder sie zum andern hat, nicht zusammenpasst. Dann taucht diese Frage auf: Wer bist du? Ich kenne dich so nicht. Meist auch: Es tut weh. Ich fühle mich hilflos. Oder wütend. Oder alles miteinander. Ich bin konfus.

Ich weiß nicht mehr, wer sie ist/wer er ist. Ich weiß nicht mehr, wen ich liebe, wer ich selbst bin. Ich weiß nicht. Ich habe Angst. Ich schäme mich.

Ein Beispiel: Die Freundin sagt zum Freund, dessen Geheimnis durch Zufall aufgedeckt wurde: »Was? Du hast seit fünf Jahren zwei Kinder? Ich weiß von nichts, und wir sind schon seit zwei Jahren zusammen. Ich kenne dich nicht mehr. Was soll ich tun? Wer bin ich jetzt? Wer bist du? Ich bin völlig verwirrt. Ich bin entsetzt und enttäuscht. Ich weiß nicht mehr, was ich soll. Vor allem weiß ich nicht, was wir sollen.«

Bist du der oder der? Habe ich mich so getäuscht? Wer ist nun wer? Was wird aus uns, aus mir, aus dir?

Eine Testamentseröffnung der besonderen Art: Der verstorbene Mann und Vater setzt seine der Familie nicht bekannte uneheliche Tochter zur Alleinerbin ein. Seine Familie erhält den Pflichtteil. Seine Frau und die Kinder, mit denen er zusammengelebt hat, sind entsetzt. Dann gibt es eine erste Begegnung mit dieser unehelichen Tochter.

Die Tochter ist erstaunt. Schnell entscheidet sie, dass sie nicht erben will. Sie braucht kein Geld. Sie teilt der Familie mit, dass sie ihr junges Leben lang einen Vater schmerzlich vermisst hat. Sie hätte ihn kennen lernen wollen. Sie kann ihren Schmerz klar und ohne jegliche Vorwürfe äußern.

Bei der Familie, Frau und Kindern, herrschen Verwirrung, Enttäuschung und Entsetzen. Es sind tausend Fragen da, die der Verstorbene nicht mehr beantworten kann. Wer war er? War er der, den sie liebten und verehrten? Oder war er ein anderer? Er hat es mit seinem verheimlichten Plan geschafft, alle in ihrer Identität zutiefst zu erschüttern.

Welche Nöte und Ambivalenzen bringen einen Ehemann und Familienvater dazu, dermaßen Verstecken zu spielen und die ganze Last seines Geheimnisses seinen Nachfahren aufzubürden?

Ein weiteres Beispiel: Ein glücklicher 26-jähriger Sohn kommt erstmals mit seiner zehn Jahre älteren Freundin zu seinen Eltern heim. Die Eltern erstarren beim Anblick der Freundin. Der Vater geht direkt in den Angriff auf seinen Sohn: »Hör mal, das geht nicht.« Die Mutter rennt weinend weg. Der Sohn ist völlig verwirrt: Was ist los? Die Freundin erschrickt und weiß plötzlich: Dieser Mann, Vater ihres Freundes, war vor zehn Jahren für einige Monate ihr Liebhaber. So ein Mist, sie wusste es nicht. Die Mutter weiß: Das war diese Frau, denn sie hat ihrem Mann damals nachspioniert. Und sie hat danach einen Selbstmordversuch unternommen, den sie und ihr Mann dem Sohn verschwiegen haben. Und nun setzen die Eltern je auf ihre Weise diesen Jungen, der von nichts gewusst hat, unter Druck, sich von seiner Freundin zu trennen. Der Sohn versteht seine Eltern nicht. Sie haben über Jahre Geheimnisse für sich aufbewahrt, die auch ihn, den Sohn, etwas angegangen wären. Nun sind die Geheimnisse geplatzt, und die Bestürzung ist auf allen Seiten groß. Wer seid ihr? Wer bist du? Der Sohn kämpft für seine neue Liebe. Die Eltern kämpfen um ihre Ehre.

Es kommt gar nicht so selten vor, dass die Erwachsenen Geheimnisse haben, schwerwiegende Geheimnisse, die sie für sich behalten, anstatt sie mit den Kindern, die davon betroffen sind, zu teilen. An die Kinder wird im ehelichen Konflikt zuletzt gedacht. Und dann deckt ein Kind ein solches Geheimnis auf. Anhand eines Fotos, durch Entdeckung schriftlichen Materials, durch eine Blutgruppen-Unverträglichkeit, durch eine banale oder dramatische, zufällige Begebenheit. Die Alten haben Mühe, zur Wahrheit zu stehen. Es sind die Jungen, die für die Geheimnisse der Alten den Kopf hinhalten müssen.

Wie können solche Situationen entstehen? Wie kann einem jemand von einer Sekunde zur anderen völlig fremd werden? Was ist der Sinn oder Nicht-Sinn von Geheimnissen? Was bewegt Menschen dazu, mit Lebenslügen zu leben. Gibt es im Leben manchmal ganz unglückselige Zufälle, die solche Lebenslügen aufdecken? Oder sind vielmehr die Lebenslügner mit dem Vogel Strauß zu vergleichen, der seinen Kopf in den Sand steckt?

»Wir sind viele« – das wurde bereits angesprochen. Jede und jeder von uns tragen verschiedene Ich-Anteile oder Stimmen oder Selbste oder innere Kinder in uns. In zugespitzten Situationen kann einer dieser Ich-Anteile gegen einen anderen die Oberhand gewinnen.

Die obigen Beispiele zeigen, dass ein anderes, bisher nicht gekanntes Selbst dann sichtbar werden kann, wenn ein lang gehütetes Geheimnis aufgedeckt wird: durch Zufall oder durch Nachforschung. Dann steht die vertraute, geliebte Person vor uns und ist uns plötzlich völlig fremd: Wer bist du? Bist du das? Warum?

Ein weiteres Beispiel: Das Bild einer honorablen Familie erscheint in der Zeitung. Die 18-jährige Tochter Laura hat einen Sportpreis gewonnen. Ein vom Leben verbitterter, einsamer Sachbearbeiter sieht das Foto in der Zeitung, rechnet nach und ist überzeugt, dass das seine leibliche Tochter mit der jetzigen Frau Doktor ist. Sie, die damals seine Freundin war, wurde schwanger, was für beide nicht ganz geplant war. Nachdem er beruflich einige Tage auf Reisen gewesen war, überraschte sie ihn mit der Nachricht, sie habe abgetrieben und die Liebe sei zu Ende.

Heute, 18 Jahre später, tritt der Sachbearbeiter seiner ehemaligen Liebe sehr fordernd entgegen. Er ist überzeugt, sie streitet ab. Dann gibt sie in der Konfrontation zu, dass es sein leibliches Kind ist. Sie hat ihn damals angelogen, weil sie einen neuen, wohlhabenden, fürsorglichen Mann kennen gelernt hatte. Sie hat nach der Geburt der Tochter einen Vaterschaftstest gemacht, und niemand, auch nicht ihrem jetzigen Mann, ein Wort davon gesagt.

Zuerst muss der nun soziale Vater aufgeklärt werden. O Wunder, er hat es schon gewusst. Als Arzt hat er vor 16 Jahren bei einer Blutentnahme bei seiner Tochter gemerkt, dass es von der Blutgruppe her nicht seine Tochter sein kann. Er hat nichts gesagt in allen diesen Jahren. Auch er hat geschwiegen.

Der leibliche Kindsvater will seine Tochter sehen. Die Eltern sind dagegen. Es wird heftig gestritten.

Die Tochter Laura, nun aufgeklärt, fühlt sich betrogen von ihren Eltern. Sie will ihren leiblichen Vater kennen lernen. Sie kann nicht verstehen, dass man sie 18 Jahre lang angelogen hat. Die Ambivalenzkonflikte ihrer Eltern – verlässt er/sie mich, wenn er/sie es weiß – und die daraus folgende Unehrlichkeit ihr gegenüber verletzen sie tief. Wer bist du, Mama? Wer bist du, Papa? Ich kenne euch nicht mehr. Mein ganzes bisheriges Leben lang habt ihr mich getäuscht. Und ich habe mich in euch getäuscht. Was ist euch eigentlich eingefallen. Habt ihr gar keinen Respekt vor mir? Habt ihr tatsächlich gedacht, ihr könnt euch und mich ein Leben lang belügen und dabei heile Familie spielen?[20]

Beide, Frau und Mann, haben ihr schwerwiegendes Geheimnis über 18 Jahre lang voreinander und vor der Tochter verborgen. Es muss die übergroße Angst dahinter gesteckt haben, den anderen zu verlieren, wenn die Wahrheit herauskommen würde. Beim Mann war es die Bestätigung der Demütigung, die alle Männer treffen kann, nämlich nicht der

»sichere« Vater zu sein. Keiner der beiden hat an die Tochter gedacht. Beide haben die Augen davor verschlossen, dass ein Kind das Recht hat, seine leiblichen Eltern zu kennen. Und keiner hat daran gedacht, dass es wahrscheinlich nur eine Sache der Zeit sein wird, bis das Geheimnis herauskommt. Nun ist nichts mehr wie zuvor.

Ambivalenz als Qual

Should I stay or should I go?
The Clash

Neben der ganz normalen Ambivalenz – jedes Ding hat zwei Seiten – gibt es eine quälende Ambivalenz. Man ist nicht nur hin- und hergerissen zwischen zwei Möglichkeiten. Die beiden Möglichkeiten widersprechen sich auch noch. Die inneren Stimmen streiten auf eine konträre, unversöhnliche Art miteinander. Sie bekämpfen und sabotieren sich. Der betreffende Mensch erlebt es als Leiden, als Blockade, als innere Zerrissenheit.

Die inneren Stimmen (oder seelischen Anteile, Ego-States, Ich-Zustände) sind meistens verletzte, verwundete sogenannte innere Kinder; Seelenzustände, die auf einen Schmerz, eine Vernachlässigung, ein Trauma in einem oder mehreren früheren Altersstufen hinweisen. Diese inneren Kinder warten immer noch auf Anhörung, auf Verständnis, auf Trost, Anerkennung und Liebe. Und es sind nicht mehr die früheren Eltern oder Bezugspersonen, die diesen Trost spenden können. Es ist die oder der heute Erwachsene, der das zu tun hat; wenn erforderlich, mit Begleitung und Unterstützung.

Entsprechend meiner Erfahrung können sich gerade jene Menschen, die qualvolle Ambivalenz erleben, nicht mehr an die früheren Jahre, an Kindheit und Jugendzeit und entsprechende Erfahrungen erinnern. Sie haben das Schmerzvolle und Unerträgliche weggesperrt, ausgegrenzt aus ihrer Erinnerung, abgespalten, ins Unbewusste verdrängt. Wer Ambivalenz als Qual leidvoll erfährt, bedarf der therapeutischen Begleitung.

Beispiel: Max hat Fahrerflucht begangen. Er hat nachts ange-trunken eine Frau angefahren und ist – vom Kollegen ermun-tert – einfach weitergefahren. Nun hat er ein extrem schlechtes Gewissen und schämt sich. Es geht ihm nicht gut. Seine Freun-din Erna macht sich große Sorgen um ihn. Was ist los mit Max? Er hat sich so verändert. So kennt sie ihn nicht. Er ist ihr fremd geworden. Hat er ein Geheimnis? Er will ihr nichts erzählen.

Max sucht nach der Frau, die er angefahren hat und die nach dem Unfall für Monate im Krankenhaus lag. Er besucht diese Frau, Ria. Bevor er ihr, Ria, sein Vergehen gestehen kann, verlieben sich die beiden ineinander. Max hat mit dem Feuer gespielt. Ria ist ahnungslos. Max leidet unter einer qual-vollen Ambivalenz. Er möchte aufrichtig sein. Doch die Angst, Ria zu verlieren, ist zu groß.

Max ist in Not. Er kann nicht mit dem Geheimnis leben. Er gesteht es schließlich seiner Freundin Erna, dann Ria, dann seinem Arbeitgeber. Er weiß, dass er alles verlieren kann: Erna. Ria. Seinen Job als Polizist. – Er verliert alles.

Ria sagt ihm beim Abschied: »Weißt du, du bist der Mann, den ich liebe. Gleichzeitig bist du jetzt der Mann, den ich seit meinem Unfall hasse. Ich bringe die beiden nicht zusammen. Ich habe mich für Letzteren entschieden. Mir selbst zuliebe.«

Erna, seine Freundin, ist enttäuscht. Max ist ihr fremd und unheimlich geworden. Sie sieht keine andere Möglichkeit, als sich von ihm zu trennen. Sie kommt mit seinen Unaufrichtig-keiten nicht zurecht.

Die Psychotherapeutin sagt zu Max: »Sie verlieren jetzt sehr viel. Aber sie gewinnen dadurch wieder die Achtung vor sich selbst.«

Ambivalenz als Qual kann zu selbstschädigenden Lösungs-versuchen führen.

Etwa dazu, dass ein Mensch etwas für ihn und seine Nächs-ten Wichtiges verschweigt. Oder er erzählt eine Lüge. Meist wird das eines Tages aufgedeckt werden, weil jemand im Gefüge es nicht mehr aushält. Im obigen Beispiel ist es Erna, die Max zu einer Psychotherapeutin bringt. Sie findet seine Veränderung gravierend und unerträglich. Und Max ist in einer so großen Not zwischen den beiden Frauen und mit seinem Verschweigen und seinen Schuldgefühlen, dass er einstimmt.

Wenn ein Verschweigen, ein Geheimnis oder eine Lüge aufgedeckt werden, wird die andere Person von einer Minute auf die andere als andere/r, als Fremdling wahrgenommen. »Wer bist du?«, fragt die schockierte Erna ihren vertrauten Max, der plötzlich ein anderer geworden ist. »Wer bist du? Der oder der andere?«, fragt die erschreckte Ria. Und Erna weiß nicht, wo der ihr doch so nahe, vertraute Max, den sie liebt, jetzt ist. Er ist für sie nicht mehr greifbar. Und Ria hat sich entscheiden müssen zwischen zwei Männern, die einer sind; den einen liebt und den anderen hasst sie.

Reife und infantile, freiheitliche und zwanghafte, autonome und abhängige Anteile, die Ambivalenz zwischen Bindung und Trennung – das alles hält einen Menschen in innerer Blockade. Doch alle diese bipolaren Zustände gehören zusammen. Liebe und Hass gehören zusammen, Nähe und Distanz, Zuwendung und Abkehr – Ambivalenz bildet eine Art Tiefenstruktur von Beziehungen. Das eine kann nie voll realisiert werden, weil es Teil des anderen ist.

Symptome wie Angst, Panik, Zerrissenheit, Trauma lassen sich sehr oft als Ausdruck verschiedener Selbste (Ego-States, meist kindliche States/Anteile) und deren Probleme verstehen. Das heißt, zum Zeitpunkt einer Verletzung beziehungsweise eines Traumas ist ein früherer State »eingefroren«. Kann man ihn wieder »auftauen« und nutzen, stehen Ressourcen zur Verfügung, um das Leben weiter zu gestalten. So kann aus Angst Mut werden und aus Zerrissenheit eine Eindeutigkeit entstehen. Gewohnheitsmuster und Geistesformationen können erkannt und verändert werden. Allerdings braucht es dazu sehr viel Zeit und die Bereitschaft, sich gegebenenfalls in eine psychotherapeutische Arbeitsbeziehung zu begeben.

Zum Beispiel Erika, Mitte vierzig, Ehefrau eines Lehrers, Hans, und Mutter eines 18-jährigen Sohnes, Till. Erika ist verzweifelt, zerrissen, ohnmächtig. Ihr Mann und ihr Sohn streiten jeden Abend, und das seit Jahren. Tills Vater hat eine klare Vorstellung davon, wie sein Sohn sich entwickeln soll: genau so wie er. Dabei soll er es leichter haben, meint er. Was daraus in der Vater-Sohn-Beziehung wird, ist Einschüchterung, Drill, Streit. Erika hält es nicht mehr aus, zumal ihr Sohn Till ihr vor wenigen Tagen anvertraut hat, dass er schwul ist. Ihr Mann hasst Schwule. Erika hat den großen Wunsch, dass ihre kleine Familie nicht zerstört wird.

Sie ist zerrissen zwischen der Liebe zu ihrem Sohn und zu ihrem Mann.

Ihr Sohn spricht von »ausziehen«, ihr Mann redet davon, dass er es nicht auf die Reihe kriegt, dass sein Sohn so ganz anders ist, als er es sich vorstellt. Noch weiß der Vater nicht, dass sein Sohn schwul ist.

»Sie lieben nicht ihren Sohn, sondern sie lieben ihre Vorstellung, wie ihr Sohn sein sollte«, sagt die Familientherapeutin zu Vater Hans. Es dauert eine Weile, bis Hans das annehmen kann. Es ist so. Und wie weiter?

Till will einen Schritt auf den Vater zumachen, macht jedoch der Mutter und der Therapeutin im Vorhinein klar, dass er vermutlich scheitern werde. Er erzählt dem Vater unter Tränen, dass er schwul ist. Vater Hans ist fassungslos und wütend. »Auch das noch: eine Schwuchtel als Sohn.«

Der Sohn streckt die Hand aus: »Papa, ich weiß, dass es für dich schwierig ist. Ich habe mir das nicht ausgesucht. Es ist auch für mich schwierig.«

Nun liegt der Ball beim Vater und Ehemann. Er sieht nach viel Widerstand und Trotz ein, dass er seinen Hass auf die Schwulen verändern muss, wenn er seinen Sohn und seine Frau nicht verlieren will. Er ist zerrissen und verzweifelt.

Es dauert eine gute Weile, bis der Vater die ausgestreckte Hand seines Sohnes ergreifen kann.

Vater und Sohn machen nun gemeinsam eine Therapie.

Durch die Zerrissenheit, die die Mutter und Ehefrau qual-

voll erlebte und nicht mehr allein bewältigen konnte, erhielten Vater und Sohn eine neue Chance.

Das Beispiel verdeutlicht auch, dass die Zerrissenheit eines Menschen eine übernommene beziehungsweise unbewusst delegierte Zerrissenheit sein kann. Dieser Mensch ist dann der Bedeutungsträger: Er/Sie legt durch die innere Zerrissenheit den Finger auf das Problem. Der Konflikt muss zwischen anderen Menschen gelöst werden. Im obigen Beispiel: Die Frau und Mutter hat die Situation nicht mehr ausgehalten und um Hilfe nachgesucht. Nur so gelang es Vater und Sohn, dank Begleitung auf eine neue Weise zueinander zu finden.

Immer und immer wieder sind es die Jungen. Immer wieder ist es die Kinder-Generation, die ihren Eltern die Hand hinstreckt und deren Lebenslügen, Geheimnissen, Leichtsinnigkeiten und Nachlässigkeiten – nach der ersten großen Enttäuschung – sehr oft mit Großzügigkeit und versöhnlich entgegentritt.

Wir werden vertiefter auf die verschiedenen Selbstanteile, auf das »Wir sind viele« zu sprechen kommen. Jetzt ist wichtig zu beachten, dass wir Menschen Individuen sind, einzigartig sind – und vielfältig. Nicht eindeutig, sondern mehrdeutig.
Janus war ein römischer Gott. Er hatte zwei Gesichter. Zwei Seiten derselben Medaille. Zwiespältig – oder Mittler zwischen Menschen und Göttern. Janus schafft Verbindung. Er, der Zweigesichtige. Er, der nach Süden und Norden, nach Osten und Westen schaut. Sowohl als auch. Gott des Anfangs und des Endes, des Ein- und Ausgangs. Gott der Türen und Tore – so wird der Zweigesichtige beschrieben.
Wer hat nicht mindestens zwei Gesichter?

Empört euch! Engagiert euch!

Unter diesen beiden Titeln »Empört euch!« und »Engagiert euch!« erschienen die deutschen Ausgaben der beiden kurzen, kämpferischen Schriften des heute 93-jährigen Stéphane Hessel. Er, der ehemalige Widerstandskämpfer in der Résistance, war Überlebender des KZ Buchenwald in mehrfachem Sinn: Er überlebte die Strapazen; er wurde als Spion zum Tode verurteilt, und ein Vorgesetzter verlieh ihm die Identität eines gerade verstorbenen Gefangenen; schließlich konnte er bei einem Bahntransport flüchten. Und er kämpfte ein Leben lang bis heute für die Menschenrechte, für Demokratie, Entkolonialisierung, für den Sozialstaat, gegen den Finanzkapitalismus, gegen Israels Besetzungspolitik. Er mischte sich überall ein, wo er Verletzungen der Menschenrechte und der Demokratie bemerkte. Sich empören heißt für ihn, die Selbstreflexion anzuregen und dafür zu sorgen, dass der Wandel weitergeht. Zum Engagement regt er an, weil die Empörung nicht reicht. Neues schaffen heißt für ihn Widerstand leisten. »Résister c'est créer« – »Widerstand heißt Neues schaffen«: Das war der Leitsatz der französischen Résistance. Als Überlebender gibt es für ihn Hoffnung oder Verzweiflung. Also Hoffnung; wie die beiden anderen KZ-Überlebenden, die 2011 hochbetagt gestorben sind: Hans Keilson und Jorge Semprún.[21]

Sowohl Keilson als auch Semprún waren Widerstandskämpfer und danach Überlebende im Konzentrationslager. Beide haben durch das Schreiben versucht, das Schreckliche zu verarbeiten und selbst am Leben zu bleiben.

Diese drei alten kämpferischen Männer sind für mich Leuchttürme und Leitfiguren für eine menschlichere, gerechtere und gewaltlosere Welt. Eine Utopie, sagt Hessel in einem TV-Interview im Juni 2011, und doch gibt es nichts anderes, als dafür zu kämpfen. Und er rate allen Menschen, den Zen-Anhängern und generell den Buddhisten ein Ohr zu leihen, weil sie Techniken entwickelt haben, um Achtsamkeit und damit Menschlichkeit zu lernen. Er sagt: »Wir wissen nicht, was richtig ist, aber wir wollen universalen Frieden. Wir wollen das Lokale und Weltweite in einen Zusammenhang bringen.« Auf die Frage, was er sich wünsche als Ergebnis seines Engagements und seiner Bücher, entgegnet er mit einem Lächeln: »Dass die Menschen Hoffnung haben, dass sie nichts Gutes umsonst tun.«

Es hat einen bestimmten Grund, dass ich diesen drei Männern stellvertretend für alle Menschen, die sich für ein achtsames Menschsein und eine bessere Welt einsetzen, hier und jetzt Raum gebe.

Sie sind Beispiele und Vorbilder darin, dass jeder Mensch, der sich Frieden wünscht, sein Engagement an jenem Ort in seinem Leben, wo er sich befindet, beginnen kann. Selbst wenn es ein Konzentrationslager sein muss. Es gibt immer – leichtere und ganz schwierige – Möglichkeiten, sich für Frieden einzusetzen. Zuallererst im lebenslangen Suchen des Friedens mit sich selbst, dann in einer versöhnlichen, friedvollen Haltung gegenüber den Mitmenschen und in immer weiteren Kreisen bis hin zur großen Utopie, dem Weltfrieden. Er beginnt beim Einzelnen. Bei seinem achtsamen und friedvollen Lächeln, das das Herz wärmt.

Sowohl als auch: Ambivalenz als Fülle

> *Lache stets, wenn andere zu lachen anfangen,*
> *selbst wenn du nicht verstehst, warum.*
> Unbekannt

> *Nur wer erwachsen wird und Kind bleibt, ist ein*
> *Mensch.*
> Erich Kästner

Ambivalenz als Fülle: Es gibt nicht nur eine, sondern zwei oder mehrere Möglichkeiten. Es kann und darf sinniert und interpretiert und verworfen und gewählt werden. Und es gibt neue Möglichkeiten und Deutungen, von denen wir noch keine Ahnung haben. Mehrdeutigkeiten sind attraktiver als

Eindeutigkeiten. Es gilt ein Sowohl-als-auch, nicht ein Entweder-oder.

Der Blick auf die Fülle ist ein *neuer Blick auf Ambivalenz*. Es ist ein Plädoyer dafür, dass die Möglichkeit der Inspiration und Wahl besteht beziehungsweise dass ein Mensch vielfältig seine verschiedenen Fähigkeiten, Talente, Leidenschaften, seine Selbste leben kann. Es ist eine Einladung, das zu tun, was einen anlächelt. Die Fülle der Wahl, die Fülle des Lebens.

Es ist gedankliches und emotionales Oszillieren zwischen Alternativen, ein Hin und Her, ein Schweben und Abwägen. Es erfordert auch, sich Zeit zu gewähren. So können sich neue Möglichkeiten des Handelns und neue Beziehungsformen ergeben. Mit der Ambivalenz und der Vielfältigkeit zu spielen ermöglicht Freiheit und Fülle.

Wie es Kurt Lüscher in einem Gespräch formuliert hat: »Das Ambivalente zeichnet sich als eine Bedingung menschlicher Freiheit ab.« Ich erwähne mit Lüscher und Fragnière die helfenden Berufe und ihre Ambivalenz zwischen professioneller Distanz und Empathie; die Paar- und familiären, geschwisterlichen und weiteren intensiven Beziehungen mit der Ambivalenz von Nähe und Distanz, Abhängigkeit und Autonomie, Liebe und Hass. Dies gilt in ausgeprägtem Sinn auch in den Generationenbeziehungen (Großeltern, Eltern, Kinder). Sie sind zum einen nicht frei gewählt. Zum anderen dauern sie ein Leben lang. Diese beiden Umstände generieren primär das Hin und Her zwischen Abhängigkeit und Eigenständigkeit.[22]

Die erwähnten Ambivalenzerfahrungen können als Herausforderung zur Persönlichkeitsentwicklung und zur Beziehungsgestaltung aufgegriffen werden. Sie bedeuten Fülle und Freiheit, die allerdings oft erst erlernt und geübt werden müssen.

Die großen Übergänge im Leben – Geburt, Hochzeit, Tod, Berufseinstieg, Familiengründung, Ruhestand, Sterben und Tod – sind ambivalent besetzt. Freude, Angst, Hoffnung, Trauer mischen sich in unterschiedlichen Variationen.

Ein Mensch ist verliebt. Bis über die Ohren hinaus. Natürlich gibt es den Fall, wo dieser Mensch von der ersten Sekunde an weiß, dass »sie« die Frau seines Lebens ist. Viel häufiger gilt es in der Verliebtheit eine gute Zeit lang die Ambivalenz auszuhalten, ob »sie« es ist – oder eben nicht. Ambivalenz auszuhalten kann zu guten Entscheidungen verhelfen.

Ambivalenz kann, wie dieses Beispiel zeigt, Sinn machen. Sie ist die Würdigung von Komplexität, die nicht per Knopfdruck reduziert werden kann. So ist eben die Ambivalenz selbst ambivalent zu deuten. Und es wird die Fülle betont.

Ich plädiere für eine sinnvolle Notwendigkeit, gerade in den oben erwähnten Beziehungen und Übergängen Ambivalenz zuzulassen, Unsicherheit und die Spannung des Noch-nicht-Wissens auszuhalten. Sie bedeuten Fülle, Dichte, Offenheit und Freiheit. Und es bedeutet etwas Wichtiges, das ich im Buch »Versöhnung lernen – Versöhnung leben« ausgeführt habe. Es geht um das tiefe Wissen um eine gegenseitige Abhängigkeit von allen Dingen und Menschen, und darum, auf beiden Seiten zu stehen. Wer jemand oder etwas beobachtet, kann nicht getrennt werden von dem, was beobachtet wird. Jäger und Gejagter, Folterer und Opfer, Unterdrücker und Unterdrückte – mit unserem Mitgefühl und dem Erkennen der wechselseitigen Abhängigkeit aller Dinge stehen wir auf beiden Seiten. Wir halten die Ambi-valenz aus. Beides hat seine Gültigkeit. Beide Seiten bedürfen der Befreiung.

Nelson Mandela, der erste schwarze Präsident in der neuen Demokratie in Südafrika hat diese wechselseitige Abhängigkeit treffend beschrieben und in der Überwindung der Apartheid auch konkret umgesetzt.

»Ich bin nicht wahrhaft frei, wenn ich einem anderen die Freiheit nehme, genauso wenig wie ich frei bin, wenn mir meine Freiheit genommen ist. […] Als ich das Gefängnis verließ, war es meine Aufgabe, beide, den Unterdrücker und den Unterdrückten, zu befreien. […] Um frei zu sein, genügt es nicht, die Ketten abzuwerfen, sondern man muss so leben, dass man die Freiheit des anderen respektiert und fördert.«[23]

Ambivalenz als persönliche Chance und Entwicklungsmög-lichkeit: Das ist eine weitere Seite von Ambivalenz als Fülle. Beginnen wir mit Fallbeispielen.

Anna zerreißt es in der Ambivalenz, ihren Mann zu verlassen oder bei ihm zu bleiben. Sie erlebt ihn gleichgültig ihr gegen-über, nicht loyal, ständig mit anderen Frauen beschäftigt und wenig unterstützend, was die Familie anbetrifft.

Die schwangere Britta ist hochambivalent, ob sie nach der Ge-burt Familienfrau oder berufstätige Mutter sein will. Ihr Mann ist ihr nicht behilflich bei der Entscheidung und über-lässt ihr die gesamte Verantwortung.

Claus erhält eine vielversprechende Aufstiegschance im Be-trieb. Es lockt ihn sehr. Seine Frau hat Bedenken. Sie ist mit vier Kindern, von denen zudem eines behindert ist, voll aus-gelastet und fühlt sich wenig von ihrem Partner Claus unter-stützt. Sie leidet darunter, und der Mann nimmt das in seiner Zerrissenheit zwischen Karriere und Familie als für ihn belas-tend wahr.

Der Zwillingsbruder David erhält einen Platz im Gymna-sium. Bei seinem Bruder Emil hat es nicht für das Gymnasium gereicht. Die beiden sind untröstlich. David ist drauf und dran, den Platz am Gymnasium trotz eindeutiger Studien-wünsche freizugeben. Er hält die Qual der Wahl und die all-fällige Trennung vom Bruder fast nicht aus.

Alle schildern sie die Blockade, die Zerrissenheit, die Not. Alle leiden sie unter der Qual der Wahl, die ihnen unerträglich erscheint.

Wie gelangt ein an seinen Ambivalenzen leidender Mensch von der Qual der Ambivalenz zur Wahl? Wie akzeptiert er sich in seinen Dilemmata? Wie nimmt er sich selbst an? Denn nur wer sich annimmt, kann sich verändern. Wie bewerkstel-ligt er einen Dialog mit den kämpfenden inneren Figuren be-ziehungsweise Selbstanteilen? Wie lässt sich ein befreiender, kreativer Umgang mit Ambivalenz herstellen?

Auf obige Art sich zerrissen fühlende Menschen haben oft nur ein müdes Lächeln übrig, wenn ich ihnen ihre Alternativen als Chance darstelle. Verlassen oder nicht – eine Chance, dass ich mich entscheiden darf? Karriere oder Familie – eine Chance? Das Entweder-oder wird so betont, dass ein Sowohl-als-auch keinen noch so winzigen gedanklichen und emotionalen Raum erhält. Diese Menschen sehen nicht, dass sie Optionen haben. Es macht für sie keinen Sinn, Ambivalenz auszuhalten und sich Zeit und Raum zu geben. Sie möchten einfach erlöst sein, und zwar so schnell wie möglich. Sie räumen sich keine Chance ein, dass möglicherweise ein dritter Weg auftauchen könnte. Sie sehen in ihrer Not keinerlei Möglichkeit, innerlich zu wachsen.

Die Personen aus den oben beschriebenen vier Beispielen wählten alle die Begleitung und Unterstützung durch eine therapeutische Fachperson. Die kindlichen Verletzungen wogen zu schwer, um sie allein zu verarbeiten.

Alle vier Personen kamen früher oder später in eine Phase der Würdigung ihres Konflikts als Entwicklungschance – wenn auch das schwer Erträgliche bestehen blieb. Es ist ein bedeutsamer Moment, wenn sich ein Mensch eingesteht, dass er *wählen darf und soll und kann.*

Anna beginnt sich durch die Therapie um sich selbst zu kümmern. Sie gönnt sich abendliche Ausgänge, trifft Freundinnen, geht in einen Sprachkurs. Sie erlaubt sich ein Jahr Aufschub der Entscheidung, ob sie bei ihrem Mann bleiben oder ihn verlassen will. Das alles fühlt sich gut an für sie. Sie hat erkannt, dass ein großer Teil ihres Leidens mit mangelnder Selbstsorge zu tun hatte. Nun will sie beides: gut zu sich und gut zur Familie sein. Und es wird sich zeigen, ob sich das vereinbaren lässt.

Britta gelingt es nach einiger Therapiezeit, in eine Phase intensiver Abklärungen zu kommen. Sie spricht mit ihrem Chef und ihren Kollegen über mögliche Arbeitseinsätze nach der Geburt. Sie besucht zwei Kinderkrippen und informiert sich über die Betreuungsmöglichkeiten. Danach fordert sie ihren Mann ernsthaft und eindringlich zu einer gemeinsamen Sich-

*tung aller Möglichkeiten und einer Diskussion über die Ge-
staltung der kommenden Elternschaft auf. Als der Mann wieder kneifen will, wird sie sehr energisch. Er merkt, dass er sie
nur als Frau behalten kann, wenn er sich der zukünftigen Elternschaft stellt.*

*Claus braucht viel Zeit, um seine Karrierechancen zu reflek-
tieren. Sehr tief sitzt bei ihm die Erwartung seiner Eltern an
ihn, den einzigen Sohn. Ebenso tief sitzt auch die konfliktbe-
ladene Ehe seiner Eltern und die Erwartungen an ihn als
Sohn, in diesen Konflikten vermittelnd und schlichtend einzu-
greifen. Und er erinnert sich auch wieder, wie seine Mutter
unter dem Ehrgeiz ihres Mannes, also seines Vaters, gelitten
hat. Claus, nun als erwachsener Sohn, kann sich mehr und
mehr freuen über die ihm gebotene Aufstiegschance im Be-
trieb. Sie stärkt seinen Selbstwert. Er fühlt sich bestätigt.
Wahrscheinlich wird er sich an die Seite seiner Frau und seiner
Kinder stellen und sich mit guten Gefühlen seinen jetzigen,
herausfordernden Berufsaufgaben zuwenden.*

*Der 15-jährige David erkennt, dass er nicht wagt, besser und
klüger zu sein als sein Zwillingsbruder. Es bedarf intensiver
Gespräche zu dritt, mit Therapeut und Bruder, bis sich David
selbst gestatten kann, dass er und sein Zwilling unterschiedliche Menschen sind und auch sein dürfen. Es gibt Momente, wo
David das Gymnasiumsangebot und die Nähe zum Bruder als
Bereicherung erlebt. Er hat beides. Und er darf sich mit aus-
drücklicher Zustimmung seines Herzensbruders aufs Gymna-
sium freuen – und sich mitfreuen, dass sein Bruder sich ebenso
ausdrücklich um eine Lehre als Fotograf bemüht.*

Ambivalenz als Fülle meint vorerst einmal das bewusste und
wohlwollende Annehmen zweier und mehrerer Zustände
und Möglichkeiten, Wertungen und Hoffnungen. Annehmen
auch der Zerrissenheit, der Widersprüchlichkeit. Annehmen,
damit sich etwas verwandeln kann. Vom Entweder-oder zum
Sowohl-als-auch.

Es braucht in einer solchen Situation eine vertiefte Selbstreflexion darüber,

- was von der Zerrissenheit zum erwachsenen Selbst gehört,
- was zu dem kindlichen Selbst, zu den kindlichen Selbsten gehört, also ein früheres Leiden, frühere Ängste und Unerträglichkeiten aufgeweckt (getriggert) hat.

Kindliche Selbste – die inneren Kinder, die ein Mensch war – leben im Erwachsenen weiter.

Nach meiner Erfahrung haben beispielsweise Kinder, die von ihren Eltern in die Rolle des Vermittelns zwischen den Eltern, zwischen den Geschwistern, und des Schlichtens von Konflikten und Ambivalenzen gedrängt wurden, später Mühe, für sich selbst Verantwortung zu übernehmen. Sie bleiben in Blockaden stecken und haben sehr viel Mitleid mit sich selbst – das Mitleid, das ihnen früher die Eltern hätten geben sollen. Selbstmitleid und Jammern gehört zum emotional ausgenützten Kind. Dieses Kind im Mann, in der Frau bedarf des Mitgefühls, des Trostes und der Vergewisserung, dass heute die erwachsene Person über mehr Möglichkeiten verfügt in solchen Situationen. Mitgefühl und Trost kann sich nur die nun erwachsene Person selbst entgegenbringen – vielleicht mag es in einer Übergangsphase eine gute Freundin, eine Therapeutin, ein Berater sein.

Ambivalenz als Fülle, als Freiheit, als Entwicklungschance zu erleben war dem Kind als Kind nicht möglich. Kinder können sich oft schwer vor der emotionalen Vereinnahmung durch die Eltern schützen. Wie soll ein Kind eigene Interessen kennen lernen, wenn es von den Eltern für deren Interessen gebraucht wird? Die Entdeckung der eigenen Interessen und Wünsche erfolgt dann später, beim Erwachsenwerden. Sie muss allenfalls mühselig gelernt werden, womöglich mit Unterstützung durch andere, ermutigende, Raum gebende Menschen.

Jeder Mensch verkörpert in seinem sozialen Aspekt ein Bündel von Rollen. Eine Frau ist beispielsweise Tochter, Freundin, Frau, Berufsfrau, Kollegin. Ein Mann ist Sohn, Bruder,

Lebenspartner, Vater, Kollege. Kein Wunder, dass sich die verschiedenen Rollen manchmal reiben und sich widersprechen. Die Polyvalenz der Rollen wird der modernen Vielfältigkeit des Menschen gerecht. Nur: Das geht nicht ohne Ambivalenzkonflikte. Wer in der Qual auch die Fülle sehen kann, ist bereit, sich der Realität zu stellen. Und die Realität beansprucht immer ein Recht. »Das lässt uns erwachsen werden, es lässt uns aufwachen, lebendig und mitfühlend sein. Die große Zwickmühle ist eine der produktivsten Orte auf dem spirituellen Pfad und ganz besonders zur Erweckung und Öffnung des Herzens.«[24]

Wasche dein Herz mit einem Lachen!

Arno Geiger hat ein beeindruckendes Buch über seinen dementen Vater und sich geschrieben.

»Wenn ich mich frage, was mein Vater für ein Mensch ist, passt er manchmal ganz leicht in ein Schema. Dann wieder zerbricht er in die vielen Gestalten, die er im Laufe seines Lebens anderen und mir gegenüber eingenommen hat.«[25]

Der Sohn erlebt seinen Vater zum einen als einheitlichen Menschen, als seinen Vater. Zum andern erlebt er ihn als einen vielfältigen Menschen, als Mensch mit verschiedenen Rollen und Selbstanteilen: Das Kleinbauernkind, dritter von zehn Kindern; der 18-jährige Jungsoldat an der Ostfront, dann Kriegsgefangener; dann auf langem Heimweg; dann jener traumatisierte Heimkehrer, der nie wieder sein Haus und Dorf verlassen will; dann der unglückliche Ehemann (die Eltern hatten sich in der Partnerwahl grandios vergriffen, schreibt der Sohn); als Vater, gegen den ein Sohn nicht rebellieren kann; also rebelliert er gegen dessen Ignoranz, gegen das väterliche Desinteresse an ihm als Sohn, gegen des Vaters Rückzug in die Werkstatt, wo er wieder irgend einen Blödsinn austüftelt. Erst als beim Vater der Rückzug in die Alzheimerkrankheit manifest wird, werden dem Sohn die Facetten (die Selbstanteile, die Ego-States) seines Vaters – und seiner selbst – bewusst. Es erscheint so, dass der Umgang mit den verschiedenen Gestalten des starken, vitalen Vaters für den Sohn einfacher zu ertragen war als der Rückzug des Vaters in die Krankheit. Doch auch dann ereignen sich noch unerwartete und schwer erklärbare Dinge. Sie sind jedoch eindimensionaler mit der Krankheit und ihrem Einfluss zu begreifen.

Arno Geiger beschreibt sehr eindrücklich, wie er, Autor und Sohn, zu verstehen versucht, dass sein dementer Vater sich im eigenen Haus nicht mehr zu Hause fühlt. Aufgrund seiner inneren Zerrüttung hat er das Gefühl der Geborgenheit verloren – geborgen in den Gewohnheiten, geborgen im Alltag. Er sehnt sich nach einem Platz, wo er diese Geborgenheit wieder erleben kann – und diesen Platz gibt es nicht mehr. Nicht einmal mehr im eigenen Bett fühlt sich der alte Vater geborgen. Nicht mehr zu Hause in sich selbst. Er hat nur noch einen Wunsch: heimgehen zu können.

Den Wunsch heimzugehen äußern viele alte Menschen. Und sie meinen noch nicht das Sterben, das auch einmal, aber später. Sie meinen die Geborgenheit, das Vertraute. In den Worten des Konzepts »Wir sind viele« kann das heißen, dass ein Teil des alten Menschen sich geborgen fühlen möchte im Vertrauten, das es nicht mehr gibt (beispielsweise im Altenheim); ein Teil will einmal sterben und weiß das auch; und ein Teil lebt dort, wo er ist, im unvertraut Gewordenen, und mit der Sehnsucht, heimgehen zu können. Und dann sind da die vielen früheren Anteile – verschiedene innere Kinder in verschiedenen Altern und die erinnerten inneren erwachsenen Anteile und Rollen – an die sich ein alter Mensch mit seinem intakten Langzeitgedächtnis erinnern kann.

Kein Mensch gibt ein eindeutiges Bild ab; weder für sich noch für andere. Aber die Wünsche nach dem einheitlichen Bild sind vorhanden. Man stellt sich das Zusammenleben auf diese Weise einfacher vor. Doch jeder Mensch hat seine verschiedenen Teile in sich: derjenige, der sich das Bild macht, und derjenige, der das Bild abgibt. Und um dies noch etwas komplizierter zu machen (und dabei zu lächeln), können wir uns fragen, welcher Teil welchen Teil wahrnimmt.

Die Eltern und Geschwister sind die ersten Figuren im Leben, bei denen wir sowohl das Vielgestaltige als auch die damit verbundene Ambivalenz erleben. Es ist eine Prägung, die wir in unser lebenslanges Erleben mitnehmen. Fülle oder Mangel? Gelingen oder Scheitern? Es ist immer wieder so, dass wir uns wünschen, selbst einheitlich zu sein und den anderen einheitlich wahrnehmen zu können. Keinerlei Ambivalenzen.

Dies ist ebenso verständlich wie illusionär. Beides eben.

Der achtsame Blick auf die vielen Gestalten und damit die vielen Bilder findet seine Resonanz in uns. Wir werden zu den Gestalten und Bildern. Nun ist wieder Achtsamkeit angesagt. Mit einem Lächeln werden wir die Fülle erkennen, die darin liegt. Wenden wir uns nun der dritten Einladung zur Übung und Lektüre von Lächeln und Achtsamkeit zu.

Einladung: Lächeln und Achtsamkeit III
Das Weiche und das Harte

Ein offener Geist überwindet einen verschlossenen Geist.
Das Sanfte, Weiche überwindet das Harte.

Lassen wir dies einfach in uns nachhallen.

～

Das Weiche – Liebe, Mitgefühl, Freundlichkeit, Lächeln
Das Harte – Ärger, Hass, Strenge

Das weiche Wasser – der harte Stein
Das weiche Wasser sucht sich seinen Weg und schleift den harten Stein

Doch auch Wasser kann hart sein – wenn es zu Eis gefriert
Stein kann weich werden – wenn er zu Sand wird
Hart ist weich und weich ist hart
Groß ist klein und klein ist groß

～

Sich auf die eigene Erfahrung einzulassen – sei es eine weiche Erfahrung oder eine harte Erfahrung – bringt ein Gefühl von Freiheit mit sich.

Es ist die Freiheit zu wissen, dass es nichts Festes, Sicheres, Hartes gibt im Leben.

Leben heißt Unbeständigkeit. Heißt weich sein, beweglich, offen.

Menschen, die wissen, dass es keine Hoffnung gibt, sind frei. Bei Dante stand am Höllentor: »Lasst alle Hoffnung fahren.« Dasselbe steht auch am Himmelstor: »Lasciate andare ogni speranza.« Wenn es nichts mehr zu verlieren gibt, ist Friede da.

Ist ein lächelnder Mensch auf dem Totenbett einer, der den Tod als Erlösung erlebt? Erlösung von Angst, von Verantwortung, von Zwang – von Illusionen.

Das Sterben ist wie das Leben. Es hat seine eigenen Gesetzmäßigkeiten. Wir haben keine Kontrolle darüber. Wenn wir das erkennen, können wir in ein Gelächter ausbrechen oder in ein kleines, feines, freiheitliches Lächeln.

～

Vieles ist anders im Leben, als wir es uns vorgestellt haben. Und es ist gut, wie es ist.

»Life is what is happening while we are making other plans« (John Lennon): Leben ist das, was geschieht, während wir andere Pläne machen.

Die Wirklichkeit, das reale Geschehen, hat immer Recht. Dieses Sprichwort aus dem Französischen klingt ganz einfach: »La réalité a toujours raison.« Wenn wir diese Aussage ernst nehmen, dann haben wir alle Ängste und Hoffnungen, Erwartungen und Enttäuschungen, die wir spüren, anzunehmen. Erst im uns annehmen können wir uns wandeln.

Wenn wir etwas verlieren, verlieren wir etwas, was uns nie gehört hat.

～

Was ist sanft und was ist hart? Wir wissen es nicht. Wir sind offen für die Wirklichkeit.
Wir lächeln den gegenwärtigen Moment an.

Die Dinge nehmen oft im Leben ihren Lauf, ohne dass wir dies steuern oder verhindern können und ohne, dass wir damit einverstanden sind.
Dann haben wir uns im Annehmen zu üben. Annehmen – und dann weitersehen und planen.

~

Notizen aus einem Lächeltagebuch – oder: Überall, wo es mich verzaubert

Was ist ein Lächeltagebuch? Tagebücher mögen auf Träume fokussieren, auf alltägliche Erlebnisse, auf Freuden, auf Leiden – auf das Lächeln. Das Lächeltagebuch achtet auf das Lächeln.

Was bringt mich zum Lächeln? Wo erlebe ich Lächeln? Welches Lächeln bezaubert mich? Damit steigen wir ein; mit dem Lächeln, das uns bezaubert. Dazu die folgenden Erinnerungsnotizen. Lächeln, das haften geblieben ist.

Eine Bühne, auf zwei Stühlen zwei Musiker. Eine Sängerin, Palästinenserin, mit Oud, einem arabischen Saiteninstrument. Ein Trompeter, der Trompete und elektronische Musik spielt. Die beiden suchen und finden sich in den Klängen mit einer hohen Konzentration, Intensität und Ausdruckskraft. Sie lächeln einander zu, immer wieder. Sie suchen und verlieren sich und finden sich wieder. Sie spielen. Sie lächeln. Sie sind in einer musikalischen tiefen Verbindung und Ausdruckskraft. Es sind für die Zuhörerin bezaubernde, beglückende Momente des Zuhören und Teilhabens an einem musikalischen Erforschen und sich Begegnen.

Ein Konzert mit Musik von Robert Schumann, Fantasiestücke op. 73. Ein Pianist und ein Geiger sind im Zusammenspiel. Es ist hohe Kunst vom Feinsten. Hohe Konzentration. Wunderbare Musik. Die beiden sind in einer spürbaren Übereinstimmung mit sich selbst; miteinander. Sie sind im Fluss des Geschehens. Sie lächeln vor sich hin, hingegeben der Musik, die unter ihren Fingern entsteht. Das Lächeln geht auf die Zuhörer über. Es ist eine Art Seligkeit zu spüren. Lächeln heißt, im Fluss zu sein, im Fluss des Musizierens, im Fluss des Zuhörens.

Eine Orchesterprobe. Der Dirigent spricht kaum drei Sätze in einer zweistündigen Probe. Er lächelt, hebt hie und da die Hand ans Ohr, zuckt kaum merklich zusammen, wenn es nicht so ist, wie es sein soll. Das ist selten. Der Dirigent wirkt hochkonzentriert und gleichzeitig gelöst. Die Gelöstheit nimmt immer mehr überhand. Und damit das Lächeln, das ihn beseelt. Lächeln ist Beseelung. Und ein Orchestermusiker sagt, mit diesem Dirigenten sei man vollkommen bei sich selbst und noch etwas mehr. Er schafft das mit scharfen Blicken, um gleich darauf wieder versöhnlich zu lächeln. Ohne Worte, als würden Worte der Musik ihre Kraft nehmen.

Ich möchte die Leserin und den Leser zu einem Lächeltagebuch einladen: zur Lektüre und daraus folgend zur Inspiration, ein solches selbst zu gestalten. Tagebücher dienen dazu, sich selbst zu erzählen, was schön und was belastend und was auffallend ist. Je nachdem stehen das Bewahren oder das Ablegen im Vordergrund.

Mein Lächeltagebuch zeigt im Blick zurück auf meine frühen Jahre schmerzliche Spuren. Es wurde mir vermittelt, dass ich zu laut und zu viel lache. »Was gibt es da zu lachen?« – »Lache nicht so laut.« – »Das klingt so schmutzig, wenn du lachst« (in Schweizerdeutsch: »Du lachsch so dräckig«). » Du lachst viel zu viel.« Ich wurde gerügt. Ich erlebte es niederschmetternd. Ich war also nicht okay, wenn ich so lachte, wie mir zumute war. Ich war nicht richtig.

Heute staune ich, dass mir das Lächeln und das Lachen nicht für das ganze Leben vergangen sind. Im Gegenteil. Ich

lächle und lache viel, ich lache laut und gern. Mir selbst zuzu-
lächeln ist mir eine tägliche Freude. Ich schreibe zu diesem
Thema – es gibt vielleicht eben doch etwas zum Nachholen
und nachträglichen Herausheben.

Es ist mir eine Freude, dies zu vermitteln und andere zum Lächeln zu verführen. Und zum Lachen, weil Lachen so ansteckend wirken kann.

Heute gibt es Lachgruppen, Lachseminare, Lach-Yoga –
Gruppen, in denen ich gegen Geld lachen lerne und lache.
Wo sind wir da in unserer Gesellschaft angekommen, dass
wir Lachen und Lächeln lernen müssen?

Es gibt Tage, an denen ich mir bewusst vornehme, den Menschen und Situationen und auch mir selbst mit einem Lächeln
zu begegnen. Ich achte dann auch darauf, was sich daraus ergibt. Jedes Mal ergibt es dasselbe bezaubernde Ergebnis: Die
Menschen antworten mir mit einem Lächeln. Ein Funken
springt über. Es ist eine Verbindung spürbar, wenn auch nur
einige Sekunden lang. Ich erlebe es als Kontaktaufnahme, die
keiner Worte bedarf. Ich spüre mich als Mit-Mensch, als Teil
der Menschheit, als Teil des Universums.

Was mit einem Lächeln von innen heraus verbunden ist,
kommt von Herzen. Lächeln hat mit Liebe und Frieden zu
tun. »Sich öpper alache – aglachet wärde« – diese schweizer-
deutschen Begriffe meinen, dass sich ein Kontakt ergeben hat,
der in Richtung Verliebtheit hindeutet : Ich habe mir gestern
Abend einen Mann angelacht beziehungsweise gestern Abend
hat mich ein Mann angelacht.

Als unsere betagte Mutter einen Schlaganfall erlitt, von dem
sie sich in wenigen Tagen recht gut erholte, wurde mir bewusst, wie ich ungeduldig auf ihr erstes Lächeln wartete.
Würde ich es noch einmal erleben? Ich vermisste es. Lächeln
als Ausdruck der Seele, des Herzens, der Resonanz. Es kam
wieder. Sie lächelte, als ein kleines Kind an ihrem Rollstuhl
vorbeirannte. Sie lächelte, als ein Hund in ihrem Gesichts-

kreis auftauchte. Kinder und Tiere bringen ein Lächeln hervor. Verklärung. Seligkeit.

Filme: Wenn ich bestimmte Kinofilme, die ich in den vergangenen Monaten und Jahren sah, Revue passieren lassen, dann ergibt sich eine Lächelkette – wie eine Perlenkette.

»Les Hommes et les Dieux« (Menschen und Götter): Ich kann mich erinnern, wie die Mönche bei ihrer letzten Mahlzeit im algerischen Kloster Tibirini ein seliges Lächeln im Gesicht hatten. Sie ahnten, dass ihnen etwas Schreckliches passieren würde. Doch sie hatten ihr Leben bereits beim Eintritt ins Kloster Gott geschenkt. Sie waren bereit – zum Leben, zum Sterben. Und sie wurden noch in derselben Nacht ermordet. Kurz vor seinem Tode sagte einer der Mönche, der Arzt Luc, er habe keine Angst vor Armee und Rebellen, er habe keine Angst vor niemand. Er sei ein freier Mensch.

Bettina Oberlis Film »Die Herbstzeitlosen« zeigt vier ältere Frauen im schweizerischen Emmental, die den Ausbruch aus dem einengenden Alltag wagen. Verrückte Weiber planen und realisieren eine Dessous-Boutique auf dem Land. Sie sind verwegen, lachen viel, streiten und kämpfen. Sie lächeln sich unterstützend zu. – Das selige Lächeln der Kinobesucher am Ende des Films werde ich nie vergessen.

Du mit deinem Lächeln!
Wann hast du das jemand gesagt?
Wann hat dir das jemand gesagt?
Du mit deinem Lächeln.

4. Wir sind viele

Wie lange geht es noch, bis wir erkennen,
dass in jedem von uns eine Menagerie ist –
ein Wolf, eine Löwin, eine Hyäne,
eine wilde Frau und ein wilder Mann?
Ian McCallum

Eine Menagerie in uns. Eine innere Bühne. Ein innerer Kindergarten. Die bevölkerte Innenwelt. Das sind alles Bilder, um zu beschreiben, dass in jedem von uns mehrere Seelenanteile, Persönlichkeitsanteile, Parts miteinander leben. »Es gibt da einen Teil von mir« oder »Ich war nicht ich selbst« oder »Ich stand neben mir« oder »Da wurde etwas Altes in mir wach«.

Viele sein, zwei und mehr Seelen in der eigenen Brust. Das wurde bereits einige Male angesprochen. Von Ja und Nein und zwei Seelen in der Brust haben Goethe und viele andere geschrieben. In Delius' Roman »Die Frau, für die ich den Computer erfand« spricht der deutsche Erfinder des Computers davon. Stellvertretend für uns erzählt er, Zuse, von seiner Zerrissenheit beziehungsweise von der Entdeckung des Binären, die für ihn – und heutzutage auch für uns – ganz und gar normal ist. Der Computer ist der Inbegriff unseres digitalen Zeitalters. Er hat unser Leben verändert. *»Auch bei romantischen Gefühlen dürfen Sie an das binäre System denken. Was sind denn zwei Seelen anderes als Null und Eins, als ein bestimmter Ja-Nein-Wert? Das Bleibenwollen als Null, die Ferne als Eins … Und der Geist, der stets verneint, den habe ich doch heute in jedem Rechner. Natürlich auch den Geist, der bejaht, Nein und Ja gehören zusammen. Fausts Widersprüche, die sind doch ein Klacks für jeden Mikroprozessor.«*[26]

Und wenn unser unentbehrlich gewordener Computer einmal spukt, dann bleiben uns das Lächeln – ja, es ist so – und das nötige Fachwissen und Handwerk.

101

Und zuweilen gelingt ein inneres Einverständnis, wenn die zwei oder mehr Seelen miteinander einen Beschluss fassen und ihre Wünsche und Interessen zu koordinieren vermögen. So kann Ambivalenz ausgehalten und immer wieder überwunden werden. Dies in einer guten, wohltuenden, bereichernden Art zu leben, das ist denn auch die große Herausforderung unseres Zeitalters – eines Zeitalters, das so sehr vom Binären geprägt wird.

Ein Beispiel aus dem Alltag: Mir passiert ein Ungeschick, das mich befremdet. Ich sage: Das war nicht ich, es ist mir einfach passiert. Wer ist »es«? Da gibt es doch zumindest zwei Teile in mir, die sich nicht ganz einig sind. Der eine Teil tut »so etwas« nicht. Der andere tut es, einfach so. Und wer übernimmt da nun das Management? Wer übernimmt Verantwortung? Woher kommen die verschiedenen Teile?

Es gibt sie eben, wenn wir ehrlich sind, die Ley 1 und 2 und auch 3 und vielleicht auch noch 4.

Der »Viele-Ansatz« wirft ein neues Licht auf die Ambivalenz. Ambivalenz wird oft mit »schwierig, quälend, anstrengend« verbunden. Das »Viele-Konzept« wirbelt die vielen auf und betrachtet sie als selbstverständlich. Natürlich hat jeder Mensch die vielen in sich. Die Frage ist, ob das erwachsene Ich die Verantwortung für sie übernehmen kann und will und wie die vielen in ein Leben integriert und genutzt werden können.

Vorschau auf Teil IV

Im Folgenden wird das Vielesein in unterschiedlichen Lebensbereichen dargestellt und mit Beispielen illustriert. Das Vielesein äußert sich auch in der Vielfalt dieses vierten Buchabschnitts. Es beginnt mit der Darstellung der inneren Bühne eines jeden Menschen. Dort bewegen sich die vielen. Jede und jeder von uns ist mehrere.

Vielesein wird anschließend an Beispielen von ausgewählten Künstlerinnen und Künstlern dargestellt. In ihrer Lebensgestaltung und ihrem Werk sprengen sie Zeit und Raum, sind anderswo und überall, erscheinen als viele und haben dadurch mehrere Zugehörigkeiten.

Vielesein wird weiter am Erleben von Menschen in den Themenbereichen Begeisterung, Ausbrennen und Balance vorgestellt.

Dann folgt ein Beispiel des Vieleseins in der äußeren Realität. Die sogenannten Patchwork-Familien zeichnen sich durch eine vielfältige Zusammensetzung und durch eine hohe Ambivalenz aus. Sie sind Zeichen unserer Moderne und – diesmal auf der äußeren Bühne – Wege bahnend im Anspruch und in der Notwendigkeit, alles und jedes zu verhandeln und auszuhandeln.

Dann wenden wir uns der Lust und Liebe und Spiritualität zu und der ganz und gar normalen Ambivalenz in der Liebe.

Jeder von uns ist mehrere: Die innere Bühne

Wir spielen alle; wer es weiß, ist klug.
Theodor Fontane

Man hofft stets, jemand zu werden, und merkt schließlich, dass man mehrere ist.
Raymond Devos

Auf der inneren Bühne, der Seelenbühne, bewegen sich mehrere Gestalten.

Das Ich ist eine viel-gestaltige Figur.

So erzählt Denise: »Ich weiß gar nicht, wie es mir eigentlich geht und wer ich bin.« (*Das ist erste Satz der erwachsenen Denise in der ersten Therapiestunde.*)

Minuten später: »Ich kann meinen Mann und dessen Familie nicht mehr ertragen. Am liebsten würde ich sie hinausschmeißen oder weglaufen.« (*Das ist die 4-jährige Denise, die ihre Familie unerträglich findet und einmal auch wirklich weggelaufen ist.*)

Gegen Schluss der Stunde: »Ich liebe meinen Mann von ganzem Herzen. Mit ihm bin ich erstmals in meinem Leben glücklich geworden. Er ist mein ein und alles.« (*Das ist Denise als liebende Ehefrau.*)

In einer späteren Stunde: »Ich kann meine Schwägerin nicht ausstehen. Sie blufft mit ihrer guten Stelle, dabei verdiene ich mehr als sie.« (*Hier kommen Denises Neid und Bewunderung für ihre ältere Schwester zum Tragen. Diese Schwester war der Liebling des Vaters. Die Schwägerin weckt frühere Gefühle in Denise, die ihrer Schwester gelten.*)

Später: »Ich weiß nicht, wie mein Mann seine Familie erträgt. Und warum er sie mir zumutet? Weshalb ist mir das passiert?« (*Denise möchte Unterstützung von ihrem Mann – gegen seine Familie. Offenbar hat sie einen Mann geheiratet, der gewisse störende und lästige Züge ihrer eigenen Familie verkörpert.*)

Später, zum Schluss einer verwirrenden, überladenen Stunde: »O je, wo komme denn ich selbst in all dem vor?« (*Denise sieht sich in der Therapiestunde, heute, jetzt. Gleichzeitig hat sie sich diese Frage ein ganzes Leben lang immer wieder gestellt, als Kind, als Jugendliche, als Erwachsene.*)

Welches ist Denise als Ich, als heutige erwachsene Frau, Ehefrau, Berufstätige? Es wird offensichtlich, dass verschiedene Ichs in Denise um Erhörung und Anerkennung bitten. Bereits in dieser ersten Therapiestunde sind diese Persönlichkeitsanteile da und äußern sich ziemlich deutlich. So wird auch klar, worum es in den folgenden Stunden mit Denise gehen wird. Die heute erwachsene Frau sucht ihren Platz im Leben und möchte gerne wissen, wer sie ist.

Mittlerweile gibt es zum Thema der verschiedenen Persönlichkeitsanteile eine lange Ideengeschichte. Vor über hundert Jahren hat Sigmund Freud als Seelenarzt die Begriffe des Ich, Es und Über-Ich geprägt. Von ihm stammt auch der wichtige Satz, dass der Mensch – als Ich – nicht Herr ist in seinem Haus. Es gibt eben noch das Es (das Triebhafte) und das Über-Ich (die verinnerlichten elterlichen Gebote, das Gewissen), die im Unbewussten wirken. Man vergleiche nun das obige Beispiel: »Ich« habe das nicht gemacht, »es« ist passiert. Und wenn wir dem anfügen, dass »es« nicht hätte passieren sollen, dann haben wir auch noch das Über-Ich dabei.

Der Psychoanalytiker Paul Federn hat 1925 aus Freuds Konzept der erwähnten drei seelischen Instanzen den Ego-State-Ansatz entwickelt, der dann seinerseits vom Ehepaar Watkins zu einem Theorie- und Therapieansatz ausgebaut wurde. Die Ego-State-Therapie wird in den USA und zunehmend auch in Europa erfolgreich angewendet. Kurz zusammengefasst hat jeder Mensch verschiedene States (Zustände), innere Kinder verschiedener Alter, imaginativ auch ein oder mehrere hilfreiche Wesen, die Beobachterin, den weisen alten Menschen, um einige Beispiele zu nennen. Entscheidend ist das Grundprinzip, dass verschiedene Zustände verschiedene Aufgaben übernehmen. Es wird von einer inneren »Vielheit« ausgegangen. Alle Zustände sind ursprünglich entstanden, um den Menschen – das Ich – zu schützen. Das kann sich im Laufe des Lebens verändern. Zustände, die früher geschützt und genützt haben, können später schaden.

Um ein Beispiel aus meiner Praxis als Psychoanalytikerin/Psychotherapeutin zu nennen: In Therapien arbeite ich in der Regel mit dem erwachsenen Ich. Ich weiß aber, dass andere States, Parts oder Selbste oder Anteile/Zustände in die Therapie hineinfunken können. Ich merke es daran, dass mein Gegenüber auf einmal in anderen Worten spricht, eine meist höhere Tonlage in der Stimme hat oder auch eine andere Körperhaltung einnimmt. Dann frage ich beispielsweise, wie alt sich die Person gerade jetzt erleben würde – ganz klein, sechs, zehn, zwanzig und anderes. Erstaunlich ist dann jeweils, dass die darauf angesprochenen Klienten spontan das Alter nennen können: Ich war jetzt gerade fünf Jahre alt. Und dann frage ich weiter: Und was geschah in ihrem Leben, als Sie fünf Jahre alt waren. Dies ist eine Möglichkeit, agierende Persönlichkeitsanteile (kindliche Ego-States) zu entdecken und mit ihnen Verbindung aufzunehmen. Die inneren Kinder fühlen sich häufig ohne Trost, vernachlässigt und in einer Opferhaltung. Es ist einzig und allein das erwachsene Ich, das diese inneren Kinder zu trösten vermag.

Ein Mensch erzählt, wie er mit dem Auto fast gegen einen Baum gefahren ist. Etwas in ihm, ein Teil von ihm, hat das Auto gegen den Baum gelenkt. Ein anderer Teil hat im letzten Augenblick den Unfall verhindert. Das erwachsene Ich?

Edgar ist ein Schriftsteller in den Fünfzigern. Er ist verheiratet, hat drei erwachsene Kinder und lebt mit seiner Frau zusammen. Beide sind selbstständig arbeitend. Edgar ist erfolgreich: Seine Ehe ist harmonisch und inspiriert, die Kinder sind auf einem guten Pfad, seine Bücher verkaufen sich so gut, dass er davon leben kann. Nun gibt es etwas, was Edgar immer wieder quält, nicht jeden Tag, nicht immer, aber immer wieder phasenweise. Er isst gerne und viel; er trinkt gerne und viel; er raucht viel und hat trotzdem Übergewicht. Dazu einen Raucherhusten und Gelenkbeschwerden. Und manchmal ein schlechtes Gewissen, dass er nicht gut genug zu sich schaue. Er hat schon hundert Mal versucht, seinen Suchttendenzen auf die Spur zu kommen und sie einzudämmen. Erfolglos. Dann hat er »es« wieder monate- und jahrelang schleifen lassen. Seine Frau hatte sich schon lange zurückgehalten mit Kommentaren, und sein Schreiben lief gut. Das war wichtig.

Und doch gab es ein Leiden an seinen »Inkongruenzen«, wie er das nannte, das ihn schließlich in die Therapie brachte. Edgar freut sich über sein erwachsenes, kompetentes Ich. Er hat jedoch weitere Anteile in sich, die dem zuwiderlaufen. Beispielsweise das Genussschwein. Oder den Säufer. Und den Raucher. Edgar erinnert sich an den kleinen Prinzen von St. Exupéry, der auf den verschiedenen Planeten »einige gestörte Menschenwesen besucht«, wie er es ausdrückt. Das könnten ja auch Selbstanteile sein, meint er.

Er spürt den berufenen Schreiber in sich – Schriftsteller wollte er bereits mit elf Jahren werden. Dann den Genussmenschen – seinem biederen, frommen Elternhaus zum Trotz.

Der Störenfried in seinem Elternhaus; Störer der Biederkeit und Frömmlerei.

Edgar erzählt von seinen Unruhezuständen, in denen er im Haus herumtigert – sei es beim Schreiben oder sonst. Dann kommen die Suchtmittel zum Zug: essen, trinken, rauchen. Aber Goethe habe doch auch sein Leben lang jeden Tag zwei Liter Weißwein getrunken. Es seien doch die heutigen Medien, die einem jeden Genuss versauen würden.

Es wird immer klarer, wie verschiedene Anteile in Edgar miteinander kämpfen. Wieder hat er ein vor Kurzem begonnenes Gewichtsabnahmeprogramm verworfen und abgebrochen: Der brave Vernünftige hat wieder vor dem Genussschwein kapituliert. So soll es nicht weitergehen, meint er, es brauche zu viel Energie und raube ihm die Konzentration beim Schreiben. Auf der inneren Bühne sei zu viel Lärm und finde zu viel Radau statt.

Ein Freund hat Edgar auf Meditation hingewiesen. Edgar ergreift den Hinweis wie einen Strohhalm zur Rettung. Er besucht von da an eine wöchentliche Gruppe für Vipassana-Meditation und nimmt auch an mehrtägigen Retreats teil, über Jahre hinweg.[27] Er entdeckt die Achtsamkeit. Ganz behutsam und langsam entwickelt sich in ihm eine Ahnung, dass es die Konzentration auf die Achtsamkeit sein wird, die ihn zum Frieden mit sich selbst bringen kann. Wenn er dranbleibt. Er, der immer ein Störenfried war, den Frieden anderer gestört hat, aber auch – das erkennt er jetzt – seinen eigenen Frieden gestört hat. Nun will er seinen eigenen Frieden finden.

Auf Edgars innerer Bühne ist es mit den Jahren geordneter und ruhiger geworden. Das Genussschwein, der Säufer und der Raucher (Freuds Es-Anteile) hören immer häufiger dem vernünftigen Ich zu. Auch der Störenfried, ein Es-Anteil, lässt ab und zu mit sich reden. Er hat verstanden, dass sich Edgar damit selbst schadet. Das Üben von Achtsamkeit hilft Edgar, immer häufiger ruhige, suchtfreie Stunden und Tage zu erleben. Seine Kreativität im Schreiben hat darunter nicht gelitten.

Wenn sich ein selbstschädigendes Verhalten schon etabliert hat, braucht es Zeit, ja Jahre für die Arbeit mit den inneren, einander widersprechenden Anteilen. Edgar hat die Geduld aufgebracht und ist dankbar dafür.

Ein anderes Beispiel: Paula hat ein Leben lang auf der äuße-ren Bühne, das bedeutet in ihrer Herkunftsfamilie, in ihrer Familie mit Mann und Kindern, an Arbeitsplätzen, mit Freunden und Freundinnen, viele Kämpfe ausgetragen. Kämpfe um alles und jedes. Sie war als Kampfhahn bekannt. Es war immer sehr bewegt gewesen um sie herum und in ihr drin. Als müsste etwas verdeckt werden.

Nun ist es außen ziemlich still geworden. Die Kinder sind ausgeflogen, der Mann hat sich innerhalb der Beziehung sehr zurückgezogen, Paula war sehr lange krank gewesen. Sie be-suchte mehrere Therapien für Körper und Seele. Sie entdeckte an vielen eigenen Beispielen, wie viele innere Ambivalenzen und Konflikte sie ein Leben lang nach außen projiziert hatte. Nun waren diese Ambivalenzen und Konflikte bei ihr »ange-kommen«.

Sie konnte sie aushalten, anschauen und nach und nach be-arbeiten. Nun wurde es in ihrem Innern lebendig. Sie ent-deckte, dass sie nicht nur eine, sondern mehrere Paulas war. Auf der inneren Bühne bewegte sich die 7-jährige Paulina, widerspenstig, trotzig, kämpferisch. Es gab die verletzte in-nere etwa 10-jährige Paula, die überall aneckte und ausge-grenzt wurde in der Schule. Es gab die pubertierende Paula, die in ihrer Kampflogik wie eine Lokomotive durchs Leben ging. Die inneren Verletzungen wurden auf dem Schlachtfeld des Lebens zu kompensieren versucht. Erfolglos.

In dem Maß, in dem sie mit der 10-jährigen verletzten, ein-samen Paula Kontakt aufnehmen konnte, richtete sich ihr Blick mehr nach innen. Die inneren Konflikte mussten nicht mehr nach außen getragen werden. Es klärte sich vieles. In-dem sie verstand, wie innere Verletzung und äußerer Kampf zusammenhingen bei ihr, kam sie sich näher. Sie lernte ihre stille, besinnliche Seite gern zu haben. Es gab immer wieder

Situationen, in denen der Kampfhahn sich äußerte. Doch es gab auch die Besinnliche, die sich mit ihm unterhalten konnte.

Es ist faszinierend, bei sich und andern Menschen den inneren Anteilen nachzugehen. Sie sind da und treiben ihr Unwesen, auch wenn wir sie ignorieren. Dann sowieso. Zu erfahren, dass Kontaktaufnahmen mit den inneren Anteilen möglich sind – das sind berührende, wesentliche Augenblicke.

Wollen wir überleben?

Disziplin wird aus dem von Herzen kommenden Wunsch geboren, zur eigenen Freiheit zu finden.
Indische Weisheit

Wollen wir überleben? Will ich überleben? Die Frage stellt sich individuell und kollektiv. Seit einigen Jahren werden wir Menschen von einem der lautesten und dringlichsten Weckrufe in der Geschichte der Menschheit verunsichert. Der Probleme sind viele und zentrale: Klimawandel, Umweltverschmutzung, Welterwärmung, Kriege, Massenaussterben von Menschen (Religion, Rasse), Pflanzen und Tieren, Armut, Hunger, Gier, Korruption, Finanzkrisen. Die Folgen davon sind Angst, Furcht, Verleugnung – Ambivalenz.

Wollen wir überleben oder nicht? Können wir die generelle Unsicherheit unseres Lebens annehmen? Gibt es in uns ein Wissen darum, dass ein Leben in Friede, Fülle, Gesundheit und Freiheit möglich ist? Erkennen wir, dass fast alles Heutige von Angst infiziert ist: Angst vor Versagen, vor Mangel, vor Verlust der Sicherheit, vor dem Tod. Und wissen wir in einem Teil unseres Selbstes, dass die Antwort klar ist: Es geht um einen Wandel unseres Bewusstseins, um unseren Planeten beziehungsweise unser Überleben zu retten.

Und wir bewundern Menschen, die diesen Bewusstseinswandel lebten. Mahatma Gandhi in seinem Leben und Sterben für

Mitgefühl und Gewaltlosigkeit. Nelson Mandela als Verkörperung von Mitgefühl und Versöhnung. Martin Luther King als Mann mit dem Traum von Freiheit und Gleichheit. Das Bewusstsein brachte eine Veränderung: Indien wurde unabhängig. Die Apartheid wurde von einer Demokratie abgelöst, ohne in einen Bürgerkrieg auszuarten. Vorurteile und Intoleranz in den Vereinigten Staaten wurden entlarvt und führten letztlich dazu, dass heute ein schwarzer Präsident an der Macht ist: Barack Obama.

Wir sehnen uns danach, vernünftig Denkende zu sein, uns verantwortlich zu fühlen, bewusst zu sein und in Ganzheit, Freiheit und Fülle zu leben.

Aber da ist diese Ambivalenz.

Wir fahren Auto, wir essen Fleisch und Fisch, gentechnisch manipulierte Nahrungsmittel, wir trinken Alkohol und Cola, brauchen viel Elektrizität und Erdöl und Geld und verschmutzen die Umwelt. Die Schweiz und Deutschland propagieren den Atomausstieg. Werden wir das hinkriegen? Gibt es Vorstellungen darüber, wie wir Strom sparen können? Und wollen wir überhaupt unseren Lebensstil verändern? Wollen wir den Wohlstandgürtel enger schnallen und die Helligkeit herunterdimmen?

Die stillen Saboteure in unserem persönlichen und in unserem gesellschaftlichen Leben sind am Zug. Wir bringen dem Leben gegenüber zwei und mehr gleich starke Absichten entgegen, die sich aber widersprechen. Wir wissen, dass wir etwas gut können – eine Arbeit –, und fühlen uns gleichzeitig nicht gut genug, unfähig. Ich möchte schreiben an diesem Text – doch ich gehe immer wieder weg vom Tisch, lenke mich ab, gieße die Pflanzen, mache einen Telefonanruf, lese Zeitung und verstehe selbst nicht, was ich da stunden- und tageweise mit mir mache beziehungsweise geschehen lasse. Es passiert keine Katastrophe, es geht (noch) nicht ums Überleben – es gibt ja genug Bücher auf der Welt.

Diese unsorgfältige Haltung meiner Arbeit gegenüber gefällt mir überhaupt nicht. Aber ich weiß aus Erfahrung, dass ich solche unliebsamen Gedanken zulassen soll und verstehen möchte. Es sind da mindestens zwei Anteile in mir aktiv: eine enthusiastische, begeisterte Seite und eine stille und ausdauernde Saboteurin.

Anders formuliert: Das Bewusstsein wird vom Unbewussten sabotiert. Das Unbewusste besteht in einem früheren, jüngeren Selbst, das in der Vergangenheit einen großen Schmerz erlebt hat. Dieser Schmerz wird in bestimmten Situationen berührt und vermag alles das zu sabotieren, was sich die erwachsene Person aufgebaut hat.

Seien es ein persönliches Gesundheitsprogramm oder gesellschaftliche Umweltprogramme, die mit viel Begeisterung und Elan begonnen werden. Und die Begeisterung hält eine Weile an und wir erleben ein gutes Gefühl von Selbstvertrauen und Sinn. Wir gehen joggen und wir essen gesund. Wir trennen den Abfall und entsorgen Flaschen am richtigen Ort. Und auf einmal lässt der Elan nach. Joggen und gesund essen locken nicht mehr und der Abfall wird samt Flaschen ungetrennt in dieselbe Plastiktüte gesteckt. Und wir fühlen uns schlechter als zuvor. Und doch können wir nicht anders.

Wirklich nicht?

Es braucht Disziplin. Disziplin wurde uns früher als Zwang, Strafdrohung und Einschüchterung vermiest durch die Eltern, durch Erzieher und Lehrer, durch Autoritätspersonen. Doch das war früher, und das ist vorbei. Wir sind erwachsen geworden. Kein Lehrer und keine Mitschülerin schimpfen uns mehr schwatzhaft und faul oder aber – was ebenso schlimm ist – eine Streberin. Disziplin ist trotzdem für viele von uns immer noch ein belastetes Thema. Das früher einmal disziplinierte Kind in uns lebt noch und ängstigt sich immer noch. Zuweilen fühlt es sich ungerecht behandelt. Dieses innere Kind in uns will beruhigt und beschwichtigt werden. Es will ganz sicher sein, dass die frühere Zeit vorbei ist. Dann kann Disziplin in einer neuen Version anerkannt werden: als aus dem Herzen kommend und Freiheit sichernd.

Wie heißt es doch in der indischen Weisheit:
»Disziplin wird aus dem von Herzen kommenden Wunsch geboren, zur eigenen Freiheit zu finden.«

Disziplin ist ein Herzenswunsch – und keine autoritär verordnete Maßnahme. Es bedeutet, sich seiner tiefen inneren Wünsche bewusst zu werden und sich nicht von Äußerem ablenken zu lassen. Wünsche nach Stille in dieser lärmenden Welt. Wünsche nach Frieden bei so viel Kriegslärm. Wünsche nach einem stillen innerlichen Raum, der eigene innere Freiheit bedeutet. Was immer wir annehmen, führt uns zum Frieden.

Es geht um Bewusstsein. Bewusstsein um die Fülle und das Geschenk unseres Lebens. Bewusstsein als Wertschätzung und Dankbarkeit. Bewusstsein als existenziellen Wunsch, für unseren Planeten Sorge zu tragen. Ja, wir wollen leben. Die Für-Sorge beginnt bei uns.

Natürlich braucht es auch eine Für-Sorge für die äußere Welt. Es braucht Empörung und Einsatz zur Linderung von Ungerechtigkeit und Armut auf unserer Welt. Überleben wollen braucht einen inneren und einen äußeren Einsatz. Der aus dem Herzen kommende Wunsch, die eigene Freiheit zu finden, bedeutet in einer weiteren Stufe, sich in der Welt für das Überleben und für Gerechtigkeit einzusetzen.

Zwei, mehrere Selbste: Anschauungen aus Literatur, Film und Kunst

Alles ist wahr, sogar das, was ich erfunden habe.
Jorge Semprún

Kunst und Ambivalenz, Kunst und »Vielesein« gehören zusammen. Kunst befindet sich in einem Übergangsraum zwischen Fantasie und Realität und nimmt die Freiheit wahr, sich zwischen den beiden zu bewegen und sie gekonnt zu vermengen, zu vermischen und auszutauschen. Offenheit, Mehrdeutigkeit, Reflexivität und Brechungen gehören dazu.

Es sind ausgewählte Künstlerinnen und Künstler, die im Folgenden vorgestellt werden. In ihrer Lebensgestaltung sprengen sie Zeit und Raum, verändern Jahreszahlen und -orte, sind anderswo und überall, erscheinen als viele und haben dadurch mehrere Zugehörigkeiten. Sie sind einsam, verletzlich, unruhig. Ihr Leben ist oft Trauma, Krankheit, Leiden, frühe Verluste. Einsamkeit. Süchte. Sie komponieren ihr Leben – und sind auch Getriebene und Gejagte.

Die innere Gespaltenheit wird nach außen getragen. Was die vorgestellten Künstler und Künstlerinnen auch auszeichnet: Sie haben das unüberwindbar Schwierige in ihrem Leben mit Würde durchlebt, ihr Bestes gegeben.

Unsere Welt unterliegt großen Veränderungen. Unsere Raum- und Zeit-Erfahrungen lösen sich zunehmend aus den gewohnten geografischen beziehungsweise kulturellen Zusammenhängen. Identität gründet nicht mehr auf dem Geburtsort, sondern durch die faktische oder fantasierte Reise durch Welten und Kulturen. Traditionen werden verwandelt, Verschiedenheiten auf- und abgebaut. Für die künstlerisch tätigen Menschen war das immer schon so.

Die heutige Mobilität, die neue Technologie ermöglicht es jedermann, in einer second world, einer zweiten Welt zu leben und sich eine neue Identität zu konstruieren. Und wieder stellt sich die Freiheitsfrage. Ist es menschliche Freiheit und Kreativität? Oder Sucht? Oder Einsamkeit und Verzweiflung? – Oder von allem etwas?

Sie haben mich immer fasziniert, diese »Wir sind viele«-Künstlerinnen und Künstler. Deshalb erhalten sie hier auch ihren Platz: Fernando Pessoa, er als viele, der jedem seiner vielen einen eigenen Namen und eine eigene Biografie und ein eigenes Werk gegeben hat. Frida Kahlos Bilder: die zwei Fridas, F. als Mann, als Tier, als Felsen. Else Lasker-Schüler als Frau, als Mann, als Joseph-Jussuf, als Prinz von Theben. Bob Dylan als Mann und Frau, als Schwarzer und Weißer; nicht der, als den man ihn wähnt; der nicht dort ist, wo man ihn sucht. Er ist ein anderer.

So viel Spiel, so viel Können, so viel Schöpfung. So viel Auseinandersetzung um Bewusstsein, Ich, Einsamkeit. Je näher und tiefer ich diese Vielheit verfolge, desto verwirrender, verstörender und abgründiger wird mir zumute. Da finde ich viel Einsamkeit, große Trauer, innere Unruhe – und so viele aufregende und beunruhigende Arten, damit umzugehen.

Und es stellten sich viele Fragen. Versteckspiele? Andere Spiele? Flucht? Therapie der Einsamkeit? Freiheit und Freizone? Integration der Desintegration? Oder einfach Desintegration? Der Versuch, das Leben besser auszuhalten beziehungsweise zu überleben? Der Versuch zur Selbstheilung bei schwerem Leiden, großer Not?

Und mehr und mehr interessiert mich die Frage nach der Integration der Desintegration. Wann und wie ist die Vielheit hilfreich beziehungsweise kreativ? Welche Ichs helfen in Krisen? Welche Persönlichkeitszüge ziehen sich durch die Vielheit durch? Wie wird integriert und wie äußert sich das – beispielsweise eben so, dass ein Ich weiß, dass es wechseln, alles anders anschauen und machen kann.

Beginnen wir mit **Fernando Pessoa**, dem portugiesischen Autor (1888–1935) mit seinen Zerrissenheiten, seinen verschiedenen Selbsten, die er Heteronyme genannt hat. Die Heteronyme haben unter eigenen Namen Bücher publiziert.

In Pessoa vereinigen sich meine drei Hauptthemen dieses Buches: die Zerrissenheit/Ambivalenz, das innere und äußere viele sein – und das Lächeln.

Wer war Pessoa? Er war viele. Jedes seiner Selbste hatte einen anderen Lebenslauf. Und gleichzeitig war alles er, Pessoa, der Poet, der alle täuschte und verwirrte. Der geniale Dichter, der das äußerlich eintönige Leben des kleinen Angestellten Bernardo Soares in der Rua dos Douradores in Lissabon vom Innenleben her vielfältig und stimmungsvoll beschrieb. Auch seine faktische und existenzielle Einsamkeit, seine Erfindungen. Er vervielfachte sich, um sich zu fühlen. Aus Not, aus Freiheit, als Spiel? Wir wissen es nicht.

114

Ich lasse vorerst (Pessoa)/Alvaro de Campos, den Schiffs-
ingenieur, sprechen, eines der Heteronyme, ein inneres Selbst
von Pessoa, das in ein äußeres, in de Campos hineingelegt
wurde, mit anderem Namen und anderer Biografie.

»Alles auf jede Weise fühlen, alle Meinungen haben,
aufrichtig sein und sich jede Minute selbst widersprechen,
sich selbst missfallen durch völlige Geistesfreiheit
und die Dinge lieben wie Gott.«
»Oh, welches Opium für mich, wenn ich ein anderer
wäre.«
»Ich vervielfachte mich, um mich zu fühlen.«
»Alles auf jede Weise erfühlen, alles von allen Seiten erleben, das gleiche Ding wie auf alle erdenklichen Arten zur
gleichen Zeit sein, die gesamte Menschheit aller Epochen
in einem erweiterten, überschwänglichen, fernen Augenblick in sich verwirklichen.«[28]

Pessoa schrieb einmal sinngemäß, dass sein Bewusstsein von
der Stadt im Innersten sein Bewusstsein seiner selbst sei. Lis-
boa, dieses Nebeneinander von Lebensformen, von Zeitstu-
fen, von Entwicklungsstufen. Nabel der Welt, Eroberung der
Welt. Größenwahn und Elend. Das Alltägliche kippt ins
Traumhafte, ins Erhöhte. Die Rua dos Douradores, die Straße
der Vergolder, an der er sein Leben verbrachte, ist die Welt
schlechthin.

Pessoa spürte in den 1920er bis 1930er Jahren, dass sich
Raum und Zeit und fast alle Sicherheiten in der Welt und auch
in ihm auflösten. Er setzte dem sein Buchhalterdasein, seine
Kreativität im Schreiben und schreibendes Erschaffen von
widersprüchlichen Identitäten entgegen.

Er wollte so vielgestaltig sein wie das Weltall. Und er
glaubte an die Kunst, die uns vom Schmutz des Seins befreien
könne. Wobei er wohl ahnte oder wusste, dass das ziemlich illusorisch ist.

Heute wissen wir über die große Einsamkeit und Sehnsucht, in der Pessoa und seine vielen gelebt haben.

Im »Buch der Unruhe« stirbt seine Mutter, als er 1-jährig

ist. Der Vater in der Fremde bringt sich um, als er drei Jahre alt ist, dann stirbt sein Bruder – und sein erstes Heteronym, der erwähnte Chevalier de Pas, entsteht. Ein imaginierter Bruder?[29]

Pessoas ganzes poetisches Schaffen, seine Beschäftigung mit Esoterik, stellen eine Sehnsucht dar nach der Kindheit, die er nicht hatte. Sein exzessives Rauchen und Trinken verkörpern den Wunsch, die Wirklichkeit – die unerträgliche, überdrüssige, einsame – in Form einer oralen Befriedigung zu erfahren.

Als er seiner Liebe von 1920 bis 1929, der Ophélia, erklärt, dass er sein Leben fortan der Literatur widmen werde, erklärt er ihr im letzten Brief: »Mein Schicksal gehorcht einem anderen Gesetz, von dessen Existenz Sie nichts wissen, und ist immer dem Gehorsam gegenüber Meistern unterworfen, die nichts erlauben und nichts verzeihen.«[30] – Die Meister: Das sind die Heteronyme. In diese Liebesgeschichte hat sich das Heteronym des Alvaro de Campos mächtig eingemischt.

Noch eine Bemerkung zu Pessoas ungeheurer Resonanz weltweit und in allen Künsten: Theater, Film, Literatur, Lyrik. Ich denke, es hat mit der genialen Umsetzung und dem Mysterium seiner Vielfältigkeit zu tun. Und auch wesentlich mit der Körperlichkeit seiner Empfindungen und seines Schreibens. Man kann andocken und tief mitempfinden und mitleben. Beides inspiriert ungemein.

Antonio Tabucchi, der 1943 geborene italienische Schriftsteller ist ein großer Bewunderer von Pessoa. Er hat ihm mehrere Bücher gewidmet. Eines nennt sich »Die letzten drei Tage des Fernando Pessoa«. Pessoa wird mit akuter Leberzirrhose todkrank ins Spital eingeliefert und wird nun auf seinem Sterbebett von seinen Heteronymen besucht, einer nach dem anderen. Er schenkt ihnen ein zerstreutes Lächeln, ein müdes Lächeln, ein aufmunterndes Lächeln, wenn er sie erkennt. Es ist immer ein Lächeln. Als sei Pessoa versöhnt mit seinem nahenden Ende. Ein versöhnliches, müdes, abschiedliches Lächeln. Und zum letzten Besuch von einem seiner Heteronyme – einem seiner vielen Selbste, Antonio Mora – sagt er:

»Ich habe Ehrungen und Entehrungen kennen gelernt, Enthusiasmus und Erschöpfung … ich war die Sonne und der Mond, und das alles, weil das Leben nicht reicht. Aber jetzt reicht es, mein lieber Antonio Mora, ich habe mein Leben gelebt, als ob ich tausend Leben gelebt hätte, ich bin müde, meine Kerze ist heruntergebrannt, ich bitte Sie, geben Sie mir meine Brille.« Und Pessoa seufzt, lächelt müde und stirbt. [31]

Tabucchi beschreibt in seinen Büchern seine eigenen Selbste dergestalt, dass in jedem Text jeweils ein anderes Ich aus der Vielheit Haupt-Ich wird. Er spielt mit seiner Vielheit. Ein Beispiel ist die Erzählung »Das Umkehrspiel«. Etwas kann so oder anders sein. Natürlich, ja dann, wenn ein anderes Selbst es betrachtet. Und wenn einer mit mehr als einem Selbst, der Erzähler, mit einem spricht, der nur ein Selbst hat beziehungsweise haben darf, dann gibt es kein Verstehen. Jeder hat eine Wahrheit, aber sie treffen sich nicht. Ein Verstehen gibt es, wenn beide von der Vielheit wissen.

Im Buch »Indisches Nachtstück« reist der Erzähler auf der Suche nach einem verschollenen portugiesischen Freund durch Indien – Doppelgänger, reale Person? Oder auf der Suche nach sich selbst? Der Weg als Ziel. Als ihm ein Heiler sein Karma sagen will, geht es nicht. Du bist ein anderer. Mysteriös, zauberhaft, verwirrend.

Tabucchi hat auch »Träume von Träumenden« geschrieben, und zwar von prominenten Träumern. Beispielsweise Sigmund Freud, der in der Nacht vor seinem Tod davon träumte, Dora geworden zu sein. Und diese Dora begegnet auf der Straße Freuds Frau Martha, die ihr empfiehlt, mit ihren Problemen zu Dr. Freud zu gehen. Er wisse alles über die Frauen, und hin und wieder scheine er eine Frau zu sein.

Und natürlich träumt auch Pessoa, und zwar in der Nacht vor der Geburt eines seiner Heteronyme, Alberto Caeiro. Er begegnet ihm in Südafrika, wo Pessoa einen Teil seiner Jugend verbrachte, und hört von ihm, dass er, Caeiro, sein innerstes Wesen sei, sein dunkles Wesen, und somit einer seiner Meister. Er solle seiner Stimme folgen, dann werde er ein großer Dichter sein.

Emily Dickinson: Die heute berühmte Dichterin war eine zierliche, scheue, stets weiß gekleidete Frau, die ihr ganzes Leben von 1830 bis 1886 in der Kleinstadt Amherst in Massachusetts verbrachte. Sie verließ sie nie. Umso großräumiger und verwegener entfaltete sich ihre Fantasie. Die scheue Ms Dickinson, die jeweils in ihre mitgebrachten, selbstgebackenen Cakes ein kleines Gedicht steckte; die kühne Lyrikerin auf ihren Fantasiereisen; die heute weltberühmte Dichterin, die zu Lebzeiten nichts veröffentlichen wollte. Viele Selbste: Sie lebe in Möglichkeiten, sagte sie, die Dichterin, die frei sein will vom Faktischen.

Das bedeutet verrätselte, vielsinnige, schillernde Poesie. Nie ist klar, ob wirklich von Vögeln oder aber von Menschen gesprochen wird. Es ist nicht klar, ob ein Du ein Du ist – oder mehrere. Ein Ich kann ein Vielfaches sein. Sie lässt den Leser im Unklaren, wer sie ist. Nicht nur sie als Mensch und Frau steht Kopf in ihren Gedichten, sondern auch die Natur. Der Sonnenuntergang ist am Morgen und Mitternacht am Mittag und der Tod zu Lebzeiten. Glück gibt es nur in der Vorstellung.

Dickinson war eine Künstlerin der Verwandlung. Ihre so zahlreichen Ich-Stimmen, kindliche, männliche, weibliche, tote, umkreisen das Drama ihres äußerlich so stillen, innerlich so bewegten Lebens. Vergangenes wird mit Imaginiertem konfrontiert und damit die Freiheit vor dem Faktischen, der Realität, dem Alltag, errungen. Dickinson zeigt sich in ihren Gedichten; und sie versteckt sich zugleich. Ambivalenz pur. Der Blick der anderen wird gesucht – und gefürchtet. Das hat zu den Imaginationen, Verdrehungen und Kompressionen ihrer Lyrik geführt, die sie nicht publizieren wollte zu Lebzeiten. Wahrheit gibt es nur »schräg« zu haben.

> »Sag Wahrheit ganz, doch sag sie schräg –
> Erfolg liegt im Umkreisen
> Zu strahlend tagt der Wahrheit Schock
> Unserem Begreifen.«[32]

Mehrdeutigkeit. Widerstände. Vielsinnigkeit. Spekulation. Suggestion. In Dickinsons Werk haben wir den Sinn, ihre

Spielereien zu erraten, uns den Sinn vorzustellen und zu imaginieren. So hat sich das die Dichterin mit ihrem schrägen
Sprechen gewünscht. Nur keine Eindeutigkeiten. Keine Vereinfachungen. Sie will ihren Zweifel verkörpern. Und das
Herz muss brennen dabei. Dickinson betont, dass sie auf körperliche Weise spüre, ob etwas Dichtung sei.

Else Lasker-Schüler ist Jüdin aus gutem Haus in Wuppertal,
Jüngste von sechs Kindern. Ihr Geburtsjahr ist unklar, 1869
beziehungsweise 1876–1945. Der Vater wollte einen Jungen
und steckte sie bereits als Kleinkind in Jungenkleider. Sie wird
zu Joseph, der biblischen Gestalt. Sie ist Epileptikerin, Jüdin,
Junge und doch Mädchen, in allem diskriminiert, von der
Schule genommen und zu Hause unterrichtet. Als sie 13 Jahre
alt ist, stirbt ihr Lieblingsbruder Paul; nach ihrer eigenen
Zeitrechnung ist sie erst sechs, und als die Mutter stirbt, ist sie
13, eigentlich 21. Wann wurde sie geboren? 1869 oder 1876 –
dort beginnt bereits die Vielfältigkeit dieser Schriftstellerin.

Sie flüchtet aus dem Trauerhaus in eine kurze Heirat.
Flüchtet wieder und lebt auf der Straße und in Kneipen. Sie
wird Lyrikerin, zieht ein Kind in der Gosse auf. 1903 heiratet
sie wieder. Sie ist Mitbegründerin des Expressionismus. Sie
verwandelt sich in einen erfundenen Prinzen Jussuf – aus
tiefster Verzweiflung. Und mit ihren kurzen Haaren, den
Hosen, Stöckelschuhen und viel exotischem Schmuck ist sie
Geliebte von Gottfried Benn, dem hehren König Giselheer,
Freundin von Franz Marc, dem blauen Reiter, und Karl
Kraus. Und bettelarm und exotisch und lyrisch hochaktiv
lebt sie, lässt sich in Kneipen unterhalten, mal als Frau, mal
als Mann.

Als Tino von Bagdad und Malik geht ihr Glanz anfang der
1920er Jahre zu Ende. Giselheer kündigt ihr 1933 die Liebe,
weil sie Jüdin ist. Sie flieht nach Palästina und lebt dort einsam
und arm. Ihr Werk drückt Trauer aus, gepaart mit einer tiefen
Lust auf Leben, auf Glanz, auf Lyrik, auf Liebe. Nach der
Flucht nach Israel erscheint der Lebenswille gebrochen. Sie
hat die äußere Bühne nicht mehr, auf der sie sich vielfältig

produzieren kann. Nun fällt alles auf ihr eh schon angegriffe-
nes Ich zurück. Sie stirbt 1945 in Einsamkeit.[33]

Frida Kahlo, die mexikanische Malerin, wird später sagen, sie
sei 1910 geboren, im Jahr des Ausbruchs der mexikanischen
Revolution. Wahrscheinlich lebte sie von 1907 bis 1954. Sie
hat als Kind Kinderlähmung und danach eine Gehbehinde-
rung. Mit 18 Jahren erleidet sie einen schweren Busunfall, der
sie für das weitere Leben unzähligen Operationen, Lähmun-
gen, Verkrüppelungen und unsäglichen Schmerzen und viel
Einsamkeit aussetzt. Im Krankenhaus beginnt sie zu malen.
Sie lernt den Mann kennen, der ihr Leben bestimmt, und sie
seines; den sie zweimal heiratet: Diego Rivera, den Maler der
Revolution. Sie malt und hat viel Erfolg, hat Ausstellungen,
Reisen, Ehrungen, Begegnungen. Dann wieder Krankenhaus-
aufenthalte, Operationen, mehrere Fehlgeburten, ständige
Schmerzen. Oft wurde sie in indianischer Tracht, wunderbar
geschmückt, im Bett in ihre Ausstellungen getragen. »Ich bin
nicht krank, ich bin gebrochen. Aber ich bin glücklich,
weiterzuleben, solange ich malen kann. Ich male Selbstpor-
träts, weil ich so oft allein bin.«[34] Und sie malt oft zwei Fridas,
gebärt sich selbst, stillt sich selbst. Sie malt die von Diego geliebte Frida und jene, die verlassen wird. Diego war für sie
Kind, Mutter, Vater, Geliebter, Maler, mein Mann, alter
Mann, Vielheit in Einheit – so wie sie es für sich auch war:
Gebärende und Geborene, Stillende und Gestillte, Frida und
Frida, Frida als Mann und Frau, Liebende, Malerin, Schrei-
bende. In ihren Bildern ist viel Trauer. Viel Schmerz. Viel Ein-
samkeit. Die früh und schwer und wiederholt traumatisierte
Künstlerin malt bis zu ihrem Tod (Suizid) ihre aus dem
Schmerz geschaffenen Bilder.

Bob Dylan, 1941 geboren, ist ein Künstler, der dem ewigen
Wandel verschrieben ist. Zentral ist für ihn lebenslang Rim-
bauds Satz: Das Ich ist ein Anderer. Er ist Komponist, Sänger
in mannigfaltigen Verwandlungen und Verkleidungen, Zeich-
ner, Maler, Dichter und Schreiber, Filmemacher. Weltmeister

einer kreativen Ambivalenz, der immer wieder Klischees zerstört und unter immer neuen Pseudonymen auftritt.

Die Ambivalenz seines permanenten Identitätswechsels hat er mit Pessoa gemeinsam. Man erfindet sich neu, immer wieder.

»I'm not there – Die vielen Gesichter des Bob Dylan« heißt Todd Haynes' Film über Bob Dylan (2008). Dylan, der auch als Mann mit den verschiedenen Masken bezeichnet wird, wird im Film von sechs Personen gespielt – auch von einer Frau, auch von einem schwarzen Jungen. Die wechselnden Identitäten der Figur Dylan werden in Fragmenten inszeniert – filmisches Abbild eines Künstlers, der sich immer geweigert hat, der zu sein, für den man ihn hält. Die Singstimme ist durch den ganzen Film Dylan's Stimme. Sie hat sich in den Jahrzehnten kaum verändert, wenn er auch seine Songs durch andere Tempi und Arrangements völlig neu erscheinen lassen kann. Er ist im Wandel, seine Musik ist im Wandel, und er sagt ja, natürlich, er sei mystisch, und er sei wild und einsam.

Da ist die Performance-Künstlerin **Marina Abramovic**, die in Folge einer gewalttätigen, traumatischen Beziehung zu ihrer Mutter immer wieder ihren Körper inszeniert und als Doppel- und Wiedergänger in allen Lebensaltern inszeniert. Erwähnt sei der Schweizer Künstler **Franz Gertsch**, der fotografisch scharfe riesige Porträts malt und die Ambivalenz, das Vielesein, so richtig feiert in seinen Werken. Man spürt den Mangel und genießt die Freiheit. Da werden die Unfassbarkeit der Welt und die Unabschließbarkeit ihrer Annäherung zelebriert, die eine heiter-melancholische Stimmung erzeugen.

Diese persönliche Auswahl soll auch für alle jene Künstler und Künstlerinnen stehen, die hier als Vielfältige ebenfalls erwähnt werden könnten. Sie stehen mit ihrem Leben und Werk nebeneinander, ohne dass ich die Verschiedenheit vereinheitlichen und integrieren möchte. Es sind viele. Vielleicht mag sich die eine Leserin und der andere Leser auf die Suche machen: Die Vielfältigen sind da. Weil sie vielfältig sind, regen sie Fantasie und Imagination an und eröffnen uns neue Welten. Manchmal auf Kosten ihrer eigenen Lebensqualität. Das unerbittliche Faktische wird im Namen der Freiheit und der Getriebenheit immer wieder umgangen und hintergangen. Dafür bezahlen Künstlerinnen und Künstler mit ihrem Leiden und Leben ihren Preis – wenn es ihnen nicht möglich ist, einem ihrer gesunden, inneren Anteile die Regie über ihr Leben und Lieben zu übergeben.

B wie Begeisterung – B wie Brennen – B wie Balance

Mit Übungen

> *Nur ein Idiot begrüßt den Tag mit einem Lächeln!*
> (an eine Hausmauer in Bern gesprayt)

> *Auf die Dauer nimmt die Seele*
> *die Farben der Gedanken an.*
> Marc Aurel

Die oben vorgestellten Künstlerinnen und Künstler sind und waren begeisterte, hochsensible Zeitgenossen. Sie verbrannten, brannten aus bei der Gestaltung ihrer Werke und ihres Lebens. Sie kannten kaum eine Balance im Leben.

Ich lade dich, Leserin und Leser ein, die Begeisterung zu erkunden und zu begreifen. Und dabei dich selbst zu erkunden; wenn dies dich anlächelt. Denselben Versuch werden wir anschließend mit dem Ausbrennen und Verbrennen angehen. Das Thema »brennt« uns heutigen Menschen buchstäblich unter den Nägeln. Wir sind viele, ich bin viele: die Begeisterte, die Aufopfernde, die, die keine Grenzen kennt, und so weiter. Es ist eine Existenzfrage, welchen der erwähnten inneren Anteile wir die Regie in unserem Leben und in unserer Arbeit übergeben – damit wir dabei nicht ausbrennen und verbrennen.

Begeisterung

Was ist Begeisterung? Begeisterung lässt sich umschreiben als helle Freude, als Enthusiasmus, Faszination, Entzücken an allem und jedem: an einer Blume am Weg, an einem blauen Himmel, an einer Begegnung mit einem Menschen oder einem Tier, am Vollmond. Begeisterung setzt voraus, dass einem andere Menschen beziehungsweise die Natur bedeutsam und interessant erscheinen.

Begeisterung ist ein Lebenselixier. Wo etwas mit Begeisterung angepackt wird, stecken Freude und Energie dahinter. Das hat zumeist für die betreffende Arbeit oder das Projekt eine gute Auswirkung.

Ein kleines Kind erlebt zwanzig bis fünfzig Mal am Tag einen Zustand der Begeisterung. Jedes Mal kommt es im Gehirn zur Aktivierung der emotionalen Zentren. Was in der Folge hirnbiologisch abläuft, führt dazu, dass das Gehirn zur Lösung eines Problems oder zur Bewältigung einer Herausforderung aktiviert wird. Erwachsene haben viel weniger Begeisterungsmomente als kleine Kinder. Aber es ist auch bei Erwachsenen so, dass bei allem, was mit Begeisterung gemacht wird, der Erfolg beträchtlich ist. Jeder kleine Begeisterungssturm erzeugt ein »Hirn-Doping«. Fazit: Das Gehirn entwickelt sich so, wie und wofür es mit Begeisterung benutzt wird. Und das heißt, es muss etwas emotional Bedeutsames sein. Für das kleine Kind ist noch fast alles bedeutsam, was es erlebt, erfährt und unternimmt. Vor allem im Alter von zwei bis acht Monaten nach der Geburt erlebt das kindliche Gehirn eine Explosion von neuen Verschaltungen. Heute wissen wir, dass neue Verschaltungen bis zum Tode hin möglich sind, wenn eine emotionale positive Beteiligung – sprich Begeisterung – geweckt werden kann.[35]

Ich wiederhole: Kinder lachen durchschnittlich vierhundertmal am Tag. Erwachsene etwa zwanzigmal, wobei Frauen doppelt so viel lachen wie Männer. Auch beim Lachen finden wir dieselbe Tendenz wie bei der Begeisterung: Was bei Kindern im Normalfall in Hülle und Fülle vorhanden ist, verliert sich beim Erwachsenwerden. Eine nachdenklich stimmende Entwicklung.[36]

Einladung

Wie oft begeisterst du dich? Täglich, wöchentlich, monatlich, jährlich, nie?
  Kannst du drei Dinge erwähnen, die dich regelmäßig begeistern?
  Kannst du drei Dinge notieren, die für dich emotional bedeutsam sind?
    Wie häufig lachst du pro Tag?
    Wie häufig lächelst du pro Tag?
  Kennst du typische Situationen, die dich zum Lachen und zum Lächeln bringen?

Wenn wir unsere Begeisterung anlächeln – und sie uns –, dann können wir jedes Mal ein bisschen ein- und ausatmen, einen Moment Pause machen und uns auf die Achtsamkeit besinnen.

Ohne Achtsamkeit ist ein Zuviel an Begeisterung möglich, eine richtiggehende Euphorie, die unter Umständen dazu führen kann, dass die eigenen Kräfte überschätzt werden und Raubbau an den eigenen Energien betrieben wird. Das kann bei bestimmten Persönlichkeitsmerkmalen zu einem Ausbrennen führen. Wir kommen darauf zurück.

Zu große Begeisterung ist nicht von Achtsamkeit geprägt. Ausbrennen auch nicht. Es geht also darum, durch Achtsamkeit eine Balance zu finden.

Durch Routine und Funktionieren kann das Leben seinen Reiz verlieren. Keine Begeisterung mehr, kein Lächeln und Lachen mehr. Es fehlt an Lebensfreude, Inspiration, Gestaltungskraft und Neugier. Vermutlich gehen Störungen der Begeisterungsfähigkeit auf Kindheitsmuster zurück: unsichere Bindung, Übererregung, Dauerstress, Verlassenheit.

So wie es einem Menschen ergehen kann, kann es auch der Gesellschaft gehen: ein kollektiver Mangel an Begeisterungsfähigkeit. Das wäre ein Buch für sich, über die Zusammenhänge und Unverträglichkeiten des modernen, von Ambivalenz geprägten Menschen und die Begeisterungsfähigkeit nachzudenken.

Die Hirnforschung hat erkannt, dass alles, was Menschen hilft, was sie einlädt, ermutigt und inspiriert, eine neue, andere Erfahrung zu machen als bisher, gut ist für das Hirn, gut für den Menschen und für die Gemeinschaft. Das bedeutet ein Anknüpfen an die kindliche Begeisterungsfähigkeit und Lebensfreude, Entdeckerlust und Gestaltungskraft. Verliebt ins Leben. Der Lächel-Forscher Paul Ekman hat festgestellt, dass ein Lächeln in uns eine Stimmung des Wohlgefühls erweckt. Wenn wir die Stirne runzeln und verziehen, fühlen wir uns sogleich schlechter. Nach Ekman geht die unbewusste Mimik dem Gefühl voran.[37]

Ein Anknüpfen an die kindliche Begeisterungsfähigkeit mag den einen gelingen und sie erfreuen. Andere fürchten zu verzweifeln, weil sie möglicherweise denken, dass sie Begeisterung gar nicht kennen.

Begeisterung lässt sich auf dem Weg der Achtsamkeit mit einer Begleitung lernen; mit der dazu notwendigen Geduld. Durch das Üben von Achtsamkeit lernen wir die Bedeutsamkeit aller Dinge erkennen, wie das Kind, das noch fast alles emotional bedeutsam findet, was es erlebt, findet und entdeckt, und sich daran begeistert. Damit wir uns begeistern können, muss etwas für uns emotional bedeutsam sein.

Einladung

Kannst du dich an deine Kindheit erinnern? Gibt es Erinnerungen an Begeisterung und Lebensfreude? An Entdeckungen? An Spiele?

Dominieren Erinnerungen an Trübsal, Trägheit, Langeweile, Traurigkeit?

Lass dir Zeit, um dich zu erinnern.

Woran kannst du heute, in deinem erwachsenen Selbst, an-
knüpfen?
Versuche dir drei Dinge zu notieren, die dich heute begeis-
tern.
Mach diese kleine, aber bedeutsame Übung morgen und
übermorgen wieder. Täglich.
Eine neue, andere Erfahrung machen: Wann hast du es das
letzte Mal probiert?

> *Schläft ein Lied in allen Dingen*
> *Die da träumen fort und fort.*
> *Und die Welt hebt an zu singen,*
> *Triffst du nur das Zauberwort.*
>
> Joseph von Eichendorff

Um etwas Neues entdecken zu können, um das Lied zu hören, die Welt singen zu hören, braucht es Offenheit, Gelassenheit und Zeit. Kontraproduktiv sind starke Zielorientierung
und auch Angst. Je offener wir dem Anderen, den anderen
Menschen, der Natur, dem Leben begegnen können, desto
umfassender können wir unsere eigene Identität verkörpern,
uns selbst entfalten. Einstein hat einmal formuliert, dass wir
Menschen neue Denkweisen brauchen, um entstandene Probleme zu lösen. Die alten Denkweisen haben die Probleme
erzeugt und taugen damit nicht zur Lösung – weder individuell noch gesellschaftlich. Es braucht einen seelisch-geisti-
gen Quantensprung. Dazu kann eine Psychotherapie verhelfen. Oder eine tragende Liebe oder Freundschaft. Oder die
geduldige und wohlwollende Selbstanalyse von Konflikten.
Oder das Schreiben eines Textes, das Malen eines Bildes, das
Flanieren in der Natur: Jede/r hat herauszufinden, was für sie
und ihn bedeutsam ist.

Hier möchte ich die Bedeutung von Psychotherapie und
Psychoanalyse erwähnen. Psychotherapie ist eine Brücke zur
Welt. Die Therapie selbst ist ein Übergangsraum vom Leiden
zur bestmöglichen Wandlung und Heilung. Man muss die

Brücke schließlich überschreiten. Die weitere Reifung findet im Leben statt.

Auch das Kind verlässt das Elternhaus nicht perfekt und völlig erwachsen, sondern die Weiterreifung geht nach Elternhaus (und Psychotherapie) weiter.

Beide Orte sind als Übergangsräume bedeutsam für eine seelisch-geistige Entwicklung.

Schlüsselwort Achtsamkeit

Achtsamkeit im Sinne von Mindfulness bedeutet ein Achtgeben und Wahrnehmen auf alle Phänomene im Hier und Jetzt. Es ist eine ungerichtete, allgegenwärtige Achtsamkeit (im Gegensatz zur gerichteten Aufmerksamkeit der Konzentration). Man wird gewahr, ohne zu werten und ohne sich zu identifizieren. Durch die Achtsamkeit wird alles gleich bedeutsam, gleich viel wert.

Achtsamkeit im Alltag bedeutet, dass wir Bewusstheit und Aufmerksamkeit in unser tägliches Verrichten hineinbringen. Anstatt die morgendliche Dusche und das Zähneputzen routinemäßig abzuwickeln, ist es uns bewusst, was wir tun, ohne zu werten, ohne unser Herz daran zu hängen. Wir tun es einfach. Wir überlassen uns dem Fluss des Lebens. Wir lassen das Leben sein.

Automatismen und Routine machen unfrei. Wir treffen keine Entscheidungen mehr. Wir variieren nicht mehr und haben keinen Spielraum. Wir stellen automatisch das Radio an am Morgen, und wir gehen automatisch abends um elf ins Bett. Automatismen sitzen tief. Sie vermitteln eben auch ein Gefühl der Sicherheit und vielleicht sogar ein gewisses Wohlbehagen. Wie wohlig, abends nach vollbrachtem Tag ein Glas Whisky zu trinken. Stellt man jedoch eines Morgens das Radio nicht mehr automatisch an und geht für einmal erst um Mitternacht mit einem Tee zu Bett, dann kann das ein Glücksgefühl ergeben. Wir haben eine neue Erfahrung gemacht. Wir haben einen kleinen Moment in unserem Leben anders gestaltet. Wir spüren, wer wir sind. Wir sind mehr als die Gewohnheit.

Achtsamkeit ist eine Lebenshaltung und damit ein Konglomerat verdichteter Erfahrungen.

Wir erfahren an uns selbst, was uns gut- und was uns nicht guttut. Wir entscheiden uns für das, was uns guttut. Mehr noch: Wir erfahren, wie viele Dinge wir im Leben achtlos tun, und möchten das gern ändern.

Eine Einladung zum achtsamen Essen

Wähle drei kleine Früchte aus und lege sie vor dir auf den Tisch (Trauben, Beeren, Kirschen, Rosinen etc.). Untersuche die erste Frucht sehr langsam mit all deinen Sinnen.

Sehen: von allen Seiten, Oberfläche, Glanz, Form etc.

Tasten: prall? glatt? feucht? etc.

Hören: Halte die Frucht ans Ohr und lass dich überraschen.

Riechen: süß? scharf? frisch? etc.

Schmecken: Die Frucht an die Lippen nehmen. Dann langsam in den Mund nehmen, im Gaumen bewegen, noch ohne zuzubeißen. Die Sinneswahrnehmungen mit aller Achtsamkeit beachten.

Zubeißen, sorgfältig und langsam im Mund kauen. Den Impuls zu schlucken wahrnehmen; noch vor dem Schlucken. Dann achtsam schlucken. Alle Sinnesempfindungen, Gedanken und Gefühle wahrnehmen.

Nun wird die ganze Achtsamkeitsübung mit der zweiten Frucht vorgenommen.

Danach isst du die dritte Frucht so, wie du normalerweise isst. Wie nimmst du sie in den Mund? Was wird dir jetzt bewusst? Merkst du überhaupt, dass du eine Frucht gegessen hast?

Denke zum Abschluss für ein paar Minuten über deine Frucht nach. Wo ist sie angepflanzt worden? Wie ist sie gewachsen, gereift und geerntet worden? Viele Menschen haben nebst dem Wunder der Natur daran mitgewirkt, dass du diese

Frucht jetzt genießen und verzehren konntest. Es ist ein gan-
zes Universum von Menschen und Orten, das mit dieser
Frucht in Verbindung steht. Der gegenwärtige Augenblick
deines Genusses und Verzehrs beinhaltet ihre Vergangenheit
und deine Gegenwart und Zukunft. Ihr seid miteinander ver-
bunden.[38]

Balance

In der Balance sein meint Ausgewogenheit, Gesundheit,
Wohlgefühl. Es wird uns in allen Lebensbereichen eine Balance empfohlen, wenn wir gesund bleiben wollen: Balance
zwischen Bewegung und Sitzen, beim Essen und Trinken, im
Säure-Basen-Haushalt, Balance zwischen Sympaticus und
Parasympaticus, zwischen Herz und Gehirn (Herzkohärenz), zwischen Emotionen und Verstand. Arbeit und Freizeit sind im besten Fall in der Balance (Work-Life-Balance).

Balance hat viel mit Achtsamkeit zu tun. Es gilt auf gewisse
Dinge zu *achten*, um in der Balance zu sein. Es gilt Maß zu
halten. Es bedeutet innere Bereitschaft und gelegentlich auch
äußere Disziplin. Wer achtsam lebt und sich in den erwähnten
Balancen bewegt, wird kaum ausbrennen. Es ist eine Frage
der Entscheidung, wie man leben will. Intensität kann der
Achtsamkeit vorgezogen werden. Ausschweifungen der Mä-
ßigkeit. Und manche Menschen scheinen keine Wahl zu haben.

Einladung

Überlege dir deine Balancen oder Nichtbalancen in den oben
erwähnten Bereichen. Vielleicht fallen dir von deinen Lebens-
erfahrungen her noch weitere Balancen ein, die für dich Sinn
machen und Glück stiften können.

Ausbrennen

Wer sich entflammt, kann auch ausbrennen. Ein sogenannter Burnout, ein Ausbrennen, wird in der Regel mit einem datierbaren Zusammenbruch sichtbar. Der Zusammenbruch kann vorwiegend körperlich oder seelisch oder nervlich sein. In der Regel ist der Mensch als Gesamtheit davon betroffen. Hinter einem Ausbrennen, vielfach auch Erschöpfungsdepression genannt, steckt meist ein Lebensprinzip, das entscheidend mit Leistung zu tun hat: Nur wenn ich viel leiste, bin ich etwas wert. Nur wenn ich arbeite, bin ich. Nur wenn ich schufte bis zum Umfallen, bin ich etwas wert.

Menschen in bestimmten Berufen sind besonders gefährdet, wenn mit Hingabe, Idealismus und Begeisterung gearbeitet wird und ein großes persönliches Engagement dahintersteckt.

In allen Berufen, in denen intensiver Kontakt zu Menschen im Vordergrund steht (Pflegeberufe, therapeutische Berufe, pädagogische Berufe), bedarf es der bewussten Selbst-Sorge und Reflexion der eigenen Arbeit, um nicht auszubrennen. Dasselbe gilt für Menschen mit einem Helfersyndrom. Einige von ihnen werden hilflose Helfer genannt, weil sie helfen *müssen*, um sich gut zu fühlen. Damit können sie eigene innere Bedürftigkeiten überdecken. Sie achten zu wenig auf sich selbst; wie eben auch jene anderen, die ausbrennen. Mit sehr viel Arbeit und übermäßigem Leistungsdrang werden unbewusst, halb bewusst oder bewusst Ängste und Suchttendenzen abgewehrt beziehungsweise überdeckt.

Bestimmte Persönlichkeitsmerkmale spielen auch eine Rolle: hohe Leistungsorientierung, hohe Pflichterfüllung, Helfersyndrom, übermäßiger Ehrgeiz, narzisstische Persönlichkeit, Zwanghaftigkeit, ADHS. Es kann nie genug geleistet werden, nie ist etwas gut genug. Man ist nur dann etwas wert, wenn man viel leistet. Es kann nicht Nein gesagt werden. Abgrenzung kommt nicht infrage. Keine Selbst-Sorge, keine oder wenig Selbstreflexion dieser persönlichen Aspekte. Hohe Erwartungen an sich und andere.

Begeisterung führt dann zum Ausbrennen, wenn die erwähnten Persönlichkeitsmerkmale zusammenkommen.

Betrachten wir zwei Merkmale genauer. Der *Narzissmus* reicht von der gesunden und sympathischen Form bis zur krankhaften Ausprägung. Ich halte mich hier an die psychoanalytische Version, die die grandiose Form des Narzissmus betont: intensive Beschäftigung mit sich selbst, übertriebener Ehrgeiz, Gefühle der Allmacht und Grandiosität, um die Kehrseite der Minderwertigkeit abzuwehren. Ein unstillbares Bedürfnis nach Anerkennung. Das Selbstwertgefühl ist bei narzisstischen Menschen fragil. Ebenso gibt es meist eine verzerrte Wahrnehmung ihrer selbst. Die Narzissten interessieren sich fast nur für sich selbst und ihre Macht. Hinter der Fassade fühlen sie sich minderwertig, bedürftig, klein. Der Narzissmus dient oft dem Zweck, Neid, Scham und Angst abzuwehren. So zeigen Untersuchungen über Narzissmus, dass narzisstische Menschen Neid, Scham und Angst bestens kennen aus ihrer Kindheit und Jugendzeit. Im Erwachsenenalter tun sie alles, um diese schmerzlichen Gefühle nie mehr spüren zu müssen. Es ist ein Leben zwischen Grandiosität und Minderwertigkeit, das oft mit einem Mangel an Impulskontrolle einhergeht. Dazu gehören Wutausbrüche, sexuelle und andere Übergriffe, selbstschädigendes Verhalten in Beziehungen, am Arbeitsplatz und in Form von Suchtmittelkonsum. Alles das kann eben auch zum Ausbrennen führen, weil sowohl Achtsamkeit als auch Maß fehlen.

Zwanghaftigkeit bezieht sich darauf, Dinge aus innerem Zwang tun zu *müssen*. Der Mensch hat keine Wahl. Würde er seinem Zwang nicht folgen, wäre die Angst enorm groß. Meist handelt es sich um Zwänge, die unbewussten Vorbildern gemäß sind. In der Psychoanalyse wird von Wiederholungszwang und Schicksalszwang gesprochen. Bereits Ödipus musste seinen Vater töten und mit seiner Mutter schlafen (er war bei Adoptiveltern aufgewachsen), weil es das Schicksal so wollte. Sei es das Schicksal in der griechischen Sage, seien es die verinnerlichten Eltern: Das Über-Ich ist grausam und unerbittlich und treibt sein Spiel mit dem Menschen. In der Gefährdung durch Ausbrennen sind es Menschen, die zwanghaft arbeiten und sich investieren und keine Möglichkeit zu haben scheinen, dem unerbittlichen Zwang den Stachel zu nehmen.

Der Schweizer Dramatiker und Schriftsteller Friedrich Dürrenmatt sagte vor Jahren in einem Gespräch im Fernsehen, was der Mensch von sich selbst denke und für wen er sich halte, mache sein Schicksal aus.

Es folgt ein Beispiel einer Lehrerin, bei der sich zwanghafte Anpassung, hohe Leistung und hohe Ambivalenz gegenseitig fördern – und wie es möglich wird, dieses Muster langsam zu durchbrechen.

Silvia ist Lehrerin, 30-jährig. Sie arbeitet gern und weiß doch nicht, ob sie im richtigen, zu ihr passenden Beruf arbeitet. Sie ist auch seit zwei Jahren unsicher, ob sie den richtigen Freund hat. Es ist ein tägliches Schwanken zwischen verschiedenen Möglichkeiten und ein Hängenbleiben in Ambivalenzen. Sie machen es ihr unmöglich, eine andere berufliche Ausrichtung zu packen oder mit dem Freund Klartext zu reden. Silvia ist oft unzufrieden und trägt riesige Schuldgefühle mit sich herum.

Sie engagiert sich gleichzeitig mit Begeisterung weit über ihre Kräfte hinaus, weil sie Erwartungen von ihren Vorgesetzten spürt. Gleichzeitig hat sie große Erwartungen an ihre Schülerschaft, an ihre Kollegen, an ihre Vorgesetzten und an ihren Freund und ist regelmäßig enttäuscht, wenn die anderen nicht so funktionieren, wie sie es gern hätte. Sie kann ihre Erwartungen nicht klar und deutlich ausdrücken.

Es dauert eine Weile in der Therapie, bis Silvia und ihre Therapeutin merken, dass ein kindlicher Teil von Silvia ihr immer wieder in ihr Leben funkt. Sie identifiziert die 10-jährige Silvia, die sich ungeheuer anstrengt, um ihren Eltern und der Lehrerin zu gefallen. Sie ist brav, ganz von sich aus, sie leistet so viel sie kann, sie ist angepasst und erfüllt den familiären und schulischen Autoritäten jeden Wunsch im Voraus.

Wenn Silvia heute ihre hohe Ambivalenz erlebt, dann sabotiert die 10-Jährige mit Macht die erwachsene Silvia. Die Erwachsene leistet dann Anpassungsleistungen, die sie gar nicht müsste, und verliert den Kontakt zu sich selbst (falsches Selbst). Sie weiß nicht mehr, was sie will. Sie passt sich an; ganz die Kleine, die sie war. Damals, in der Kindheit, hat sie sich mit diesem Verhalten Beachtung, Liebe und Anerkennung geholt.

Der Versuch eines inneren Dialogs zwischen der 30-jährigen Silvia und der 10-jährigen Sili gelingt erst im mehrmals wiederholten Versuch, weil beide von heftigen Schuldgefühlen geplagt sind und deshalb lange nicht in Kontakt kommen können. Die Kontaktnahme gelingt erst mit der Zeit. Durch die Innere-Kind-Arbeit geschehen Erleichterung und Entspannung für die Erwachsene und das innere Kind. Die Erwachsene ist jetzt in der Lage, ihr inneres Kind, die Sili, zu entlasten und zu bestätigen. Sie kann jetzt das tun, was die Eltern nicht getan haben.

Erläuterung: Schuldgefühle setzen Ambivalenz voraus. Der Hass auf das Liebesobjekt lässt einen Wiedergutmachungswunsch entstehen. Bereits die Grundambivalenz des Menschen zwischen Abhängigkeits- und Autonomiebedürfnissen führt zu Schuldgefühlen. Sili muss unbewusst gespürt haben, dass sie nicht zum erwünschten Zeitpunkt zur Welt kam; die Mutter hatte eben eine neue Stelle erhalten, als sie ungeplant schwanger wurde. Unbewusst musste sich Sili ungeheuer anstrengen, um die Gunst und Liebe der Mutter zu erhalten. Diese Anstrengung, die sich auch in überhöhte Erwartungen an andere verwandeln konnte, hat Silvias Erwachsensein beeinträchtigt.

Es ist der Dialog zwischen der erwachsenen Silvia und den kindlichen Teilen, der die Erwachsene stärkt und ermutigt. Sie entwickelt langsam, aber sicher ein Gefühl der Existenzberechtigung, das sie nie hatte. Sie ist es wert, geliebt zu werden, ohne dass sie eine Riesenanstrengung leisten muss. Sie darf sich entscheiden aufgrund ihrer Wünsche und Bedürfnisse, ohne sich dabei fortwährend selbst zu sabotieren. Sie darf leben. Die erwachsene Silvia darf Regie führen in ihrem Leben, und die kleinen Silis sind bei ihr in guter Hand.

Im guten Sinn »viele sein« ist ein lebendiges, mutiges Meisterstück.

Und nun machen wir einen Sprung in ein anderes und doch verwandtes Thema des Vielesein.

Viele sein: Die Notwendigkeit, zu verhandeln

Was spürst du in deinem Herzen?
Françoise Dolto

In den vielfältigen Familien tanzen die vielen auf der äußeren Bühne. Am Beispiel von neuen, zusammengesetzten Familien (auch Fortsetzungs- oder Patchwork-Familien genannt), wird das »Vielesein« im Zusammenleben von leiblichen und sozialen Elternpersonen und Kindern dargestellt. Das Zusammenleben in einer leiblich und sozial gemischten Familie ist nicht gegeben, sondern errungen, und zwar bei mindestens einem der Erwachsenen aus einer ersten Familie heraus. Patchwork ist Verhandlungssache. Weder Geschlecht noch leibliche Verwandtschaft, noch soziale Eltern und Geschwister definieren und bestimmen, wie man zusammenlebt. Das ist etwas Neues.

Es geht im Folgenden um die neue Familiengruppe, und nur am Rand um die je inneren Bühnen der Mitwirkenden. Sie auch einzubeziehen würde hier den Rahmen sprengen. Es ist jedoch anzunehmen, dass die Schaffung der manifesten Vielfalt der Patchwork-Familie vor allem bei den Erwachsenen innere Anteile nach außen verlegt hat.[39]

Die menschliche Entwicklung, Religion, Gesetzgebung und Tradition – und nicht zuletzt auch das menschliche Bedürfnis nach Sicherheit – haben die Familien geformt und auch immer wieder verändert. Sie haben dominante Formen hervorgebracht, die als Ideal und Mythos galten und noch gelten. Ehe als lebenslange Partnerschaft und Familie als leibliche Kernfamilie besaßen noch in den 1960er Jahren als Konkretisierungen von Lebensplänen und Lebensformen eine weitgehende Verbindlichkeit für eine Mehrheit von Frauen und Männern. Alle möglichen Ambivalenzen im Bereich von Liebe und Lebenslauf wurden in Ehe, Normalfamilie und Normalbiografie scheinbar neutralisiert.

Heute wird sichtbarer, dass Wandel das Normale ist und dass Ambivalenzen konkrete Konsequenzen hervorrufen. Jede zweite bis dritte Ehe wird heute geschieden. Man schätzt, dass jede siebte Familie als Patchwork-Familie zusammenlebt: Mit Patches, also Flicken beziehungsweise Flecken aus verschieden farbigen Stoffen, das sind die leiblichen und sozialen Eltern und Kinder unter verschiedenen Dächern. Quantitativ sind diese 14 Prozent Patchwork-Familien noch nicht zukunftsweisend. Sie sind es jedoch in der qualitativen Notwendigkeit des Verhandelns, Aushandelns und Suchens nach neuen Lebensformen und Arbeitsteilungen.

Wie fangen Menschen die Bälle auf, die ihnen das Leben zuspielt? Wenn man sich verliebt, ist das so ein Ball: Bevor eine neue oder Folge- oder Patchwork-Familie überhaupt entsteht, geht es um Begehren, um Liebe, um Lust. Wenn bereits eine Familie da ist, sind die Konflikte und die Ambivalenzen vorhersehbar. Ein wesentlicher Ambivalenzkonflikt besteht zwischen *Begehrlichkeit* und *Zerrüttung*, zwischen dem Wunsch nach einer neuen Liebe und der Verantwortung einer Partnerin und Kindern gegenüber. Früher waren die familiären Konnotationen in solchen Situationen verheerend: alles zerstört, nur Verlierer, nur Defizite. Das hat sich in den letzten Jahrzehnten verändert. Es ist üblicher geworden, Partner- und Elternschaft getrennt zu leben, ein neues Leben auszuhandeln. Die negativen Konnotationen sind Lösungsversuchen gewichen. In der Stadt eher als auf dem Land. In bildungsnahen Kreisen eher als in bildungsfernen.

In der neuen Familie gibt es keine Institutionalisierung der Einheit von »ein Leib, ein Dach und ein Name« mehr, wie das in der leiblichen Kernfamilie meistens der Fall ist. Ambivalenzen und Probleme werden sichtbar. Eine Liebe geht zu Ende, Partnerschaft und Elternschaft dividieren sich auseinander und es gibt neue Lieben. Als neue Familie wohnen leibliche und soziale Eltern und Geschwister unter verschiedenen Dächern und tragen verschiedene Namen. Der Begriff des Patchworks suggeriert Buntheit, Vielfalt, Lebendigkeit.

Partner in Zweit- und Drittehen haben eine gute Chance, glücklich zu sein. Während in den Erstfamilien die Eltern- und Geschwisterbindungen die Partnerwahl prägen, kommt in den Zweitfamilien ein anspruchsvolleres Wünschen zum Tragen.

Das Wünschen gehört zur heutigen Zeit. Die steigende Zahl von neuen Familienformen ist heute weniger äußeren Umständen und Schicksalsschlägen zu verdanken, wie es früher meistens war, sondern häufiger inneren Prozessen: der bewussten Entscheidung, eine Beziehung zu lösen, weil die Liebe zu Ende gegangen ist, und eine neue Beziehung samt Kindern einzugehen, weil eine neue Liebe gelebt werden will.

Komplexe Vielfalt

Es wird immer ziemlich komplex, wenn ein Patchwork beschrieben wird. Der Mythos von Leib-Dach-Name spukt immer noch herum, das heißt, es gibt immer noch sogenannte Normalvorstellungen. Da gibt es eine »ganz normale« Familie, nur »den Halbbruder«, den »richtigen Bruder«. Kinder und Jugendliche positionieren sich oft anders als ihre getrennten leiblichen Eltern; sie sind unbefangener, subjektiver – schließlich müssen sie mit etwas zurande kommen, was ihnen die Erwachsenen eingebrockt haben. Je nach ihrer aktuellen Beziehung zu Mutter und Vater (und den neuen Müttern und Vätern) ordnen Kinder andere Kinder als Geschwister, richtige Geschwister, Halbgeschwister und neue Geschwister ein.

Vignette: Die 18-jährige Nathalie unterscheidet zwischen den neu zusammengesetzten Geschwistern väterlicherseits, in der

*»ihr Bruder und ihre Schwester« leben, und derjenigen müt-
terlicherseits, zu der »ihre beiden Halbbrüder und ihre Halb-
schwester« gehören.*

*Die Geschwister auf der Vaterseite stehen ihr näher, was
damit zu tun hat, dass Nathalie ihre Mutter für die Trennung
der Eltern verantwortlich macht. Es ist das subjektive Erleben
von Nathalie, und auf diese Art löst sie einen möglichen Ambivalenzkonflikt für sich auf.*

Jedes Kind, ja jedes Familienmitglied hat eine andere Familie.
Anders formuliert: Die vielen leben je in einem gemeinsamen
(faktischen) und einem je eigenen (subjektiv erlebten) Universum. Das ist in allen, auch ganz und gar »normalen« Familien
üblich. In Patchworkfamilien wird das Vieleſein prägender.

Kinder und Jugendliche definieren ihre neue Geschwisterschaft eigenständig und kreativ. Geschwisterschaft lässt sich
nicht mehr vertikal von den Eltern her verordnen.

Der Begriff der Fortsetzungs- oder Folgefamilien fokussiert
auf die familiären Fortsetzungen. So umfasst Fortsetzungs-
familie die ehemalige Kernfamilie beziehungsweise die Zeu-
gungseinheit, die Trennungen und Abschiede, die neuen Paa-
rungen und die neuen Familien. Eine neue Familie ist immer
eine Fortsetzung von etwas Früherem. Das Zusammenleben
in neuen Familien hat zum einen mit der Vergangenheits-
bewältigung – vor allem Beenden, Trauer und Versöhnung –,
zum andern mit der Bewältigung der Gegenwart – mit den
vielfältigen und notwendigen Aushandlungen – zu tun.

Der Begriff der Aushandlungsfamilien betont das notwendige Aushandeln in neuen Familien. Es geht nicht ohne, weil
es keine Selbstverständlichkeiten mehr gibt, weil es um Fami-
lienkonstellationen geht, die weder räumlich noch zeitlich
eindeutig bestimmt und eingegrenzt werden können.

*Auch hier ergibt sich eine Parallele zum oben erwähnten
Vieleſein. Die vielen müssen miteinander Kontakt aufnehmen, wenn sie gemeinsam etwas erreichen wollen.*

Die Aushandlungsfamilie ist in Bewegung, in Umgestaltung –
in Erweiterung, wenn neue Kinder geboren werden. Die
Rechte und Pflichten müssen erarbeitet und ausgehandelt
werden. Leibliche Eltern außerhalb des neuen Familienhaus-
halts gehören mit dazu – das ist eine Errungenschaft der letzten zwanzig Jahre. Diese Familien sind ein guter Nährboden
für ambivalente Gefühle aller Art, die je individuell und im
Aushandeln zum Vorschein kommen. »Du hast mir nichts zu
sagen, du bist nicht mein richtiger Vater«, meint ein Patch-
work-Kind in Loyalität zum leiblichen Vater außerhalb des
neuen Haushalts. Ein anderes: »Ich will, dass meine Mutter
auch zum Schulfest eingeladen wird. Sie gehört zu mir.« Ein
weiteres Kind: »Ich sage immer, ich habe zwei Mütter, und ich
habe beide gern. Die eine ist eben meine Mutter. Und die andere, ja, sie könnte eine ältere Schwester von mir sein.« Und
noch ein Beispiel: »Ich möchte auch bei meinem Papi wohnen
und nicht nur bei euch.« – Ich habe absichtlich einige Kinder
zitiert, weil das neueren Datums ist, dass die Kinder und
Jugendlichen angehört werden, Wünsche und Bedürfnisse
aussprechen können und beim Verhandeln und Aushandeln
aktiv dabei sind. Nichts ist von vornherein klar und selbstverständlich. Alles bedarf der Aushandlung und Regelung.
Die vielen haben zu kommunizieren, die Ambivalenzen auf
den Tisch zu legen und einen Klärungsversuch zu wagen.

Die Erwachsenen sind es, die die neuen Familien produzieren. Die betroffenen Kinder haben sich zurechtzufinden,
ohne selbst grundlegend mitentscheiden zu können. Früher
hat man ausschließlich von den »armen Scheidungs- oder
Stiefkindern« gesprochen. Heute wird anerkannt, dass eine
Trennung der Eltern und die Entstehung einer neuen Familie
nicht zwangsläufig zulasten des Kindes gehen. Damit nehmen
wir heute endlich zur Kenntnis, dass die leibliche Kernfamilie
(Einheit von Leib-Dach-Name) nicht unbedingt eine glückliche Kindheit und Jugendzeit, auch keine glückliche Ehe zu
bedeuten haben. Gewalt und Inzest gibt es auch in intakt wir-
kenden Familien.

In Patchwork-Familien ist nicht mehr so klar, wer mit wem und wie verwandt ist. Es drohen da neue Gefahren, neue Versuchungen, neue Vertuschungen, wer mit wem in welche Beziehung treten darf. Im Weiteren stellen sich alte Themen neu, beispielsweise die Solidarität unter den Generationen. Wer sorgt sich denn einmal um die leiblichen und sozialen Großmütter und Großväter? Wer in einem Patchwork fühlt sich für die leiblichen und sozialen Eltern als alte und pflegebedürftige Menschen verantwortlich?

Zwei Dächer, leiblich und sozial, verschiedene Bezugspersonen – das kann Chancen eröffnen, Entwicklungsmöglichkeiten bedeuten. Und es kann neue Probleme ergeben – und immer sitzen die Jungen am kürzeren Hebel. Und möglicherweise auch die Alten.

Bezugspersonen: eine oder viele?

Mehrere Bezugspersonen sind besser als eine. Das ist eine Erfahrung, die lange brauchte, bis sie als Realität anerkannt wurde. Mythen sind eben sehr prägend. Aber Kinder können auch verloren gehen mit den verschiedenen Bezugspersonen. Und ihrem unvermeidlichen Schmerz haben die Eltern Rechnung zu tragen.

Dazu eine Vignette: Petra ist 15-jährig. Sie kommt in Psychotherapie, weil ihr hilfreiche elterliche Gesprächspartner fehlen. Die Eltern sind geschieden und sehr mit sich selbst beschäftigt. Petra hat Schwierigkeiten in der Schule und viele Fragen ans Leben. Das möchte sie besprechen können und sucht sich dazu eine Therapeutin. Sie lebt mit ihrer jüngeren Schwester bei der Mutter; der Vater lebt mit einer neuen Partnerin zusammen. Petra ist es leid, die Klagen ihrer Mutter über den Vater anzuhören. Vor allem kommt sie selbst dabei zu kurz. Nun hat sie einen Platz gefunden, wo es um sie selbst geht und sie ihre anstehenden Probleme besprechen kann. Einige Mal telefoniert die Mutter mit der Therapeutin und erzählt von ihren Schwierigkeiten mit Petra: Sie sei verschlossen, nicht koopera-

tiv im Haushalt, schwierig. Die Therapeutin bringt in Abspra-
che mit der Mutter diese Telefongespräche in die Therapie mit
Petra ein. Petra hat von keinem dieser Telefonate gewusst.

Die Therapeutin errichtet ein Dreieck im Gespräch: Petra,
deren Mutter und sie; aber auch der Vater, seine Partnerin und
die Schwester gehören dazu. Der Vater bietet an, sich an den
Therapiekosten zu beteiligen. Alle gehören sie in der Therapie
dazu, doch primär ist und bleibt es Petras Ort, wo sie Zeit und
Raum hat, ihre Themen zu bearbeiten und ihren Platz in Fa-
milie und Leben zu finden.

Petra hat sich selbstständig einen Ort außerhalb der Familie
gesucht, um über ihre Probleme zu sprechen. Dort wird sie
als eine andere wahrgenommen als in der Familie. Die Eltern
haben nachträglich ihr Einverständnis gegeben. Es ist bekannt, dass die Fähigkeit von Kindern und Jugendlichen, sich
in ihrer Not Kompensationsmöglichkeiten zu schaffen und
neue Bezugspersonen zu finden, entscheidend ihre Resilienz
und damit ihre Entwicklung fördert.

Eine weitere Vignette: Hugo ist 11-jährig. Er lebt seit sechs
Jahren mit seiner Mutter, deren neuem Partner und der ge-
meinsamen 5-jährigen Tochter zusammen. Hugos leiblicher
Vater lebt seinerseits mit einer neuen Partnerin, deren 10-jäh-
riger Tochter und einem gemeinsamen 4-jährigen Knaben. Er
hat viele Ressentiments gegenüber seiner Exfrau und hat sich
ziemlich zurückgezogen von Hugo. Dieser leidet darunter
und spricht von Heimweh nach seinem Vater. Er lebt zurück-
gezogen und zugeknöpft in der neuen Familie, hat wenig
Freunde und wirkt vor allem in letzter Zeit unglücklich. Hugo
vermisst den Vater. Er kommt nun in die Pubertät und will die
Auseinandersetzung mit einem männlichen Vorbild, nicht mit
dem Lehrer, nicht dem Stiefvater, sondern, wie er sagt, mit sei-
nem richtigen Vater, den er selten sieht. Hugos Mutter nimmt
die Sehnsucht ihres Sohnes nach dem Vater ernst und kommt
mit ihm zur Beratung, damit eine bessere Lösung ausgehan-
delt werden kann.

Hugo bringt im ersten Beratungsgespräch den Vorschlag ein, seinem Vater zu schreiben. Er weiß noch nicht, ob er die neue Familie seines Vaters näher kennen lernen will. Er kennt sie lose von Einladungen an Weihnachten und an Vaters Geburtstagen. Die Mutter gibt ihr Einverständnis zu Hugos Plan, obwohl sie neue Auseinandersetzungen mit ihrem Exmann fürchtet.

Hugo erzählt im zweiten Gespräch von der Antwort seines Vaters. Auch er wünsche, seinen Sohn vermehrt zu sehen. Die Therapeutin stärkt die Mutter in ihrer neuen, noch angstvollen Offenheit, solchen Treffen in Vertrauen entgegenzusehen.

Im darauffolgenden Gespräch, das zwei Monate später stattfindet, wird klar, dass sich Hugo nach einigen Anfangsschwierigkeiten mit dem Vater wohlfühlt. Er braucht dazu die Unterstützung durch seine Mutter. Hugo taut emotional zunehmend auf, hier wie dort. Es wird möglich, dass er einen Urlaub mit der neuen Familie des Vaters unternimmt und anschließend zufrieden sagt, er habe nun zwei Familien. Er verträgt sich gut mit seiner neuen Schwester und seinem Halbbruder. Die Mutter wird darin gestützt, Hugo ein Stück weit loszulassen und darauf zu vertrauen, dass sie immer Hugos Mutter bleiben wird. Es ist ihr klar geworden, dass er seinen leiblichen Vater ebenso braucht, wie er auch sie als Mutter braucht.

Wie im Fall von Petra und Hugo sind es häufig die jungen Menschen, die aus einer Not heraus initiativ werden. Sie können die Suppe, die ihnen ihre Eltern gekocht haben, nicht mehr essen. Sie brauchen ein Mehr an Verständnis für ihre Wünsche und Sehnsüchte.

Trauer und Versöhnung gehen der Gründung einer neuen Familie voraus – im besten Fall.

Als Scheidung und ihre Fortsetzungen mit Kindern noch verpönt, bestraft und entwertet wurden, waren auch Trauer und Versöhnung kein Thema. Auch heute, wo Patchwork-Familien anerkannter sind, sind die Eltern nicht immer in der

Lage, den notwendigen Trauer- und Versöhnungsprozess zu leisten.

Trauer ist der Prozess, das, was geschah, anzunehmen und ins eigene Leben hineinzunehmen. Es ist auch das Trauern um das, was nicht möglich gewesen war. Der Trauerprozess bei Trennungen braucht Zeit und wird oft in immer wiederkehrenden Schlaufen nach und nach vollzogen. Es betrifft Eltern und Kinder. Die Eltern haben den Kindern voranzugehen. Im Trauern können sich beide Seiten nach und nach lösen von den Enttäuschungen, Erwartungen und Illusionen der Vergangenheit und sich der Gegenwart zuwenden. Trauer ermöglicht Versöhnung im Sinne der Bejahung der Trennung und der Einsicht der Eltern in die eigenen Anteile. Dies ist eminent wichtig, um den Kindern nicht Schuld- und Rachegefühle weiterzugeben, die zu den Eltern gehören und von ihnen zu bewältigen sind. Versöhnung mit sich selbst bedeutet, nicht ewig nachzutragen, zu projizieren und Schuld zuzuschreiben.

Kindliche Schuldgefühle bei Trennungen liegen meist auf einer tieferen Ebene, wo sich ein Kind wichtige Fragen stellt: An wen soll ich mich halten? Wo bin ich sicher? Wer schaut zu mir, wenn die Eltern schwach sind? Wenn sie zerstritten sind? Bin ich auch schuld daran, dass sich die Eltern trennen? Wer hält zu mir? Das sind wichtige Fragen bei viel Unsicherheit und Angst: Sie verlassen mich, lassen mich im Stich. Schuldgefühle sind einfacher zu ertragen als der Hass auf die Eltern, von denen man noch abhängig ist. Es geht nicht ohne Trauer und Versöhnung. Ein Neubeginn muss als seelische Möglichkeit angelegt und die dazu notwendigen Ressourcen müssen bei allen Beteiligten bewusst gestärkt werden. Übrigens: Die Ressourcenorientierung ist ein neuer Ton im Kontext der Debatte um Scheidung und Patchwork. Auch das ist ein Fortschritt.

In der heutigen Zeit, wo immer mehr Frauen berufstätig sind und immer mehr Väter ihr Vatersein leben möchten, sind Flexibilität und Dynamik auch in Erstfamilien vonnöten. Erst recht gefragt sind sie in neuen Familien. Dort können sie zu einer wertvollen Ressource für alle Betroffenen werden, um Illusionen und Ambivalenzen zu überwinden und Vorurteile und Fehleinschätzungen zu revidieren.

Untersuchungen belegen, dass es sinnvoll ist, Kinder wie Hugo in ihren Wünschen nach vermehrtem Kontakt zum außerhalb lebenden Elternteil zu bestärken. Kinder spüren, wenn die Eltern ihnen den Raum geben, den sie für ihre Entwicklung brauchen. Die Eltern sind darin zu stärken, den Kindern zu vertrauen und sich für Veränderungen, die Kinder brauchen, offen zu halten. Im Aushandeln der Besuchszeiten und Urlaube (wer geht wann und wie lang zu wem?) kommen die latenten Loyalitäten und Bindungen immer wieder zum Vorschein. Es gibt nur subjektive Gerechtigkeiten. Sind neue Aushandlungen notwendig, sind Eltern und Kinder zumeist stark gefordert.

Zum Wohl der Kinder sind Flexibilität und Stabilität als auch Verlässlichkeit und Einschätzbarkeit gut zu kombinieren. Wichtig sind für Kinder Beziehungen zu verlässlichen Erwachsenen, idealerweise die Eltern; es können auch Großeltern, Verwandte, Nachbarn sein, die diese Funktion übernehmen. Wichtig sind auch Vorbilder: Eltern, ältere Geschwister, Lehrpersonen, Nachbarn, die an das Kind beziehungsweise den Jugendlichen glauben und ihm vorleben, wie Probleme zu lösen sind.

Ich will nicht idealisieren. Ich stelle in der Schweiz große Unterschiede zwischen Stadt und Land fest. Es gibt täglich genug Beispiele von Müttern und Vätern, die unglaubliche Forderungen an ihre Expartner und damit an die Kinder stellen. Ich habe einen großen Respekt davor, was in einem Patchwork auszuhandeln ist, um allen gerecht zu werden und den eigenen Egoismus hintanzustellen.

Viele sein und Resilienz

Heute setzt sich immer mehr durch, nicht so sehr auf die Risikofaktoren zu fokussieren, sondern die Bedingungen der Resilienz zu erkennen – die Fähigkeit also, an Krisen und

Niederlagen nicht zu zerbrechen, sondern widerständig, konstruktiv damit umzugehen. Das ist in der Natur als Ressource angelegt. So wie sich Bäume nach einem Gewitter und entsprechenden Zerstörungen wieder erholen, sind bei Menschen Resilienz möglich und nach heutigen Erkenntnissen lernbar. Je früher, desto besser. Martin Seligman hat ein Lernprogramm entwickelt, das Eltern zeigt, wie sie ihren Kindern Denkstile näherbringen können, welche sie vor schädigenden Negativismen schützen und ihre Resilienz erhöhen.[40]

In die vorläufig letzte Sitzung kommt Hugo mit seiner Mutter und mit seinem Vater. Auf Hugos Wunsch haben sich alle drei zuvor erstmals seit Jahren getroffen. Vater und Mutter erzählen je auf ihre Art, wie sie versuchen, das Vergangene ruhen zu lassen und einen versöhnlichen Anfang zu wagen. Beide sind sie vorsichtig und freundlich. Hugo, mittlerweile 12-jährig, ist freudig, dass sie nun zu dritt mit dem Therapeuten darüber sprechen können, wie er in beiden Familien leben kann, ohne dass er gefühlsmäßig zerrissen wird und ohne dass Schule und Freizeitgestaltung darunter leiden.

Kinder und Jugendliche, die gelernt haben, offen mit ihren Gefühlen umzugehen, verfügen meist über einen guten körperlichen und seelischen Gesundheitszustand. Es fällt ihnen leicht, mit Gleichaltrigen umzugehen, sie verfügen über gute Schulleistungen und leiden selten unter Aufmerksamkeitsstörungen, Hyperaktivität und Aggression. Diese emotionale Intelligenz erlernen sie bei Eltern und anderen Bezugspersonen, die in der Lage sind, ihre Gefühle wahrzunehmen und auszudrücken.

Wenn Krisen und Konflikte als gemeinsame Herausforderung angegangen werden können, stärken sie das familiäre Immunsystem. Letztlich hängt dessen Stärkung davon ab, in welcher Weise eine gemeinsame Sichtweise auf die Notwendigkeiten gemeinsamer familiärer Problemlösung entwickelt werden kann.

Geschwisterbande als Ressource: Viele sein

Wenn ein Kind die Trennung seiner Eltern und eine neue Familiensituation durchlebt, sind davon immer auch die Geschwisterbeziehungen betroffen. Die Geschwister werden in seltenen Fällen sogar getrennt, erhalten neue Geschwister und haben sich in jedem Fall in der neuen Situation zurechtzufinden. Geschwisterbeziehungen verändern sich ohnehin enorm im Verlauf des Aufwachsens. In neuen Situationen ist nach der Flexibilität und Veränderungsdynamik zu fragen. Es kann nach meiner Erfahrung sinnvoll sein, in Patchworks die Geschwisterachse bewusst zu stärken, damit sich die Geschwister untereinander stützen können.[41]

Die seit einem Jahr getrennte Familie P. sucht Beratung auf. Die Mutter lebt mit den beiden Töchtern (14 und 13) und dem Sohn (11), der Vater mit einer anderen Frau. Die Kinder verbringen zwei bis drei Abende und Nächte pro Woche und jedes zweite Wochenende beim Vater. Alle leiden auf ihre Weise. Die verlassene Frau ist wütend und verzweifelt, ebenso die drei Kinder, der Mann hat Schuldgefühle und sorgt sich zutiefst um das Wohl seiner Familie, obwohl er nicht mehr mit ihr leben will. Das Hin und Her der Kinder ist für alle Betroffenen anspruchsvoll.

Das therapeutische Gespräch und eine Familienskulptur als szenische Darstellung der Familiendynamik zeigen die aktuelle Dynamik der Familie: Die drei Kinder sammeln sich um die Mutter, der Vater steht allein. Die Mutter möchte den Vater zurückhaben. Der Vater möchte sein eigenes Leben und seine neue Liebe verwirklichen und ist gleichzeitig in echter Sorge um Frau und Kinder. Was können die Eltern tun? Was können die Kinder tun?

Die nächsten Sitzungen sind nach gemeinsamer Absprache Geschwistersitzungen. Es gilt ihre Wünsche und ihre Erfahrungen auszutauschen, damit sie ein Stück weit von den Eltern unabhängig und auf ihrer Ebene gestärkt werden. Die Eltern werden auf ihre erwachsenen Konfliktkompetenzen verwiesen.

Geschwister sind in ihrer individuellen Verschiedenheit nicht nur voneinander abgegrenzt, sondern zugleich aufeinander bezogen. Schwierige Situationen können die Geschwister zusammenschweißen und dadurch die Einzelnen stärken.

Die Geschwister P. unterhalten untereinander eine kraftvolle Beziehung, die in den Geschwistersitzungen klar zum Ausdruck kommt. Zwei leere Stühle repräsentieren Mutter und Vater. Der Sohn spricht von seinem Bedürfnis, seinem Vater wieder mehr Anerkennung zu geben. Er brauche seinen Vater ebenso, wie er die Mutter brauche. Der Sohn sitzt in den Geschwistersitzungen nahe dem leeren Stuhl des Vaters und möchte dem Vater bei den nächsten Besuchen seine Nähe zeigen; und er möchte dabei von den beiden Schwestern unterstützt werden. Die Schwestern bekunden ihre Mühe damit, lassen aber ihrem Bruder seinen Wunsch, näher zum Vater zu rücken. In der dritten Geschwistersitzung sitzen die drei Geschwister zwischen den Stühlen von Mutter und Vater. Sie äußern alle drei, dass es für sie so gut ist. Noch immer bekunden die Schwestern, dass sie die Mutter, der es nicht gut geht, mehr stützen wollen, als es der Vater mit neuer Partnerin nötig habe. Gleichzeitig können sie sich ihrem Vater gegenüber mehr öffnen als zuvor. Die Geschwister sind solidarisch.

Jedes der Mitglieder dieser getrennten Familie hat eine andere Sichtweise. Jedes Familienmitglied hat eine andere Familie – das gilt es zu respektieren. Dann kann gemeinsam ein Konsens gesucht werden. Es gelingt dem Therapeuten, die Wichtigkeit und Akzeptanz der unterschiedlichen Sichtweisen zu fördern. Alle erkennen nach und nach, dass sie dadurch nichts zu verlieren haben. Die drei Geschwister brauchen beide Eltern in ihrem Aufwachsen. Und beide Eltern lieben ihre Kinder. Und als ehemalige Partner arbeiten sie beide an ihrem Trauer- und Loslösungsprozess.

Eine abschließende Sitzung mit Geschwistern und Eltern P. zeigt Veränderungen auf gegenüber der ersten Sitzung. Die Geschwister sind darin bestärkt, dass sie Kinder sein dürfen.

Die Loyalität zur Mutter ist ungebrochen, doch sie schließt eine lebendige Beziehung zum Vater nicht mehr aus. Damit kann sich auch die Mutter einverstanden erklären. Der Vater zeigt sich erleichtert, dass ihm die Kinder offener entgegenkommen. Er kommt dadurch besser mit seinen Schuldgefühlen zurecht. Die gestärkte Geschwisterachse kann von beiden Eltern akzeptiert werden. Beide trauen den drei Kindern zu, dass sie ihren Weg machen – trotz ihrer Trennung, die die beiden Erwachsenen sehr beschäftigt. Die Geschwister sollen damit nicht mehr als nötig belastet werden. Eine wichtige Hürde der weiterhin gemeinsamen Elternschaft scheint überwunden zu sein, auch wenn es immer wieder prekäre Momente gibt. In solchen Momenten treffen sich die Geschwister ganz bewusst in ihrem »Geschwister-Rat«, um sich zu beraten sowie gegenseitig zu entlasten und zu stärken.

In einer getrennten Familie können sich Geschwister maßgeblich unterstützen, um nicht zu Spielbällen im Hin und Her zwischen den Eltern zu werden. Eine konfliktfähige Geschwistergruppe kann für die Eltern eine Ressource werden, um lebbare Lösungen für alle zu entwickeln. Es ist eine gute Voraussetzung, damit alle Beteiligten die Fähigkeit entwickeln, ihre Auseinandersetzungen mit Respekt, Geduld und Toleranz zu führen. Es geht nicht ohne Eltern. Doch den Geschwistern kann viel zugetraut werden. Eine Geschwistertherapie – beziehungsweise eine geschwisterbetonte Variante einer Familientherapie – vermag stützend zu begleiten und dem Trennungsschmerz der Kinder auf eine zusätzliche Weise zu begegnen. Das gilt insbesondere dann, wenn die Eltern sehr mit ihren Ambivalenzen, Loyalitätskonflikten und Schuldgefühlen befasst sind.

Viele Stolpersteine

Der konstruktive Umgang mit Gefühlen ist wichtig. Notwendige Aushandlungen (von Besuchszeiten bis zu Geldfragen) basieren auf dem gelingenden Austausch von Gefühlen und der Bereitschaft zur gegenseitigen Einfühlung; Empathie ist gefragt. Die Kooperation verschiedener Haushalte und Personen erfordert von allen Familienmitgliedern eine hohe soziale und emotionale Kompetenz. Beide sind sie lernbar und förderbar.

Stolpersteine liegen meistens in zu hohen Erwartungen, Wunschbildern und Träumen davon, wie es sein sollte. Familien scheitern nicht am Realen, sondern an Illusionen. Dadurch gibt es die Realität nur noch in verzerrten Erwartungen und Wahrnehmungen.

Ein offener Blick auf die Realität muss keinen Schock bedeuten, sondern kann Ansporn sein, bessere Lösungen zu erarbeiten. Ein neues Gleichgewicht jenseits der Gemeinsamkeit von Leib, Dach und Namen ist dann möglich, wenn alle Beteiligten miteinander ins Gespräch kommen. Konflikttoleranz, Lebendigkeit und Improvisationstalent sind Lernfelder in neuen Familien, in denen die Unterschiede anerkannt und gelebt und die Gemeinsamkeiten gepflegt werden. Ein neues, flexibles Gleichgewicht im Aushandeln bedeutet einen Lernprozess und ist immer auch ein Geschenk. Mit dem Heranwachsen der Kinder und Jugendlichen erwachsen neue Bedürfnisse, denen Rechnung zu tragen ist. Was Eltern- und Geschwisterschaft lebenslang bedeuten, bedarf der ständigen Bearbeitung.

Auf diese Art werden die vielen zu einer lebendigen, dynamischen Theatergruppe auf der Bühne der neuen Familie. Lust soll es allen Beteiligten auch machen, denn schließlich hat das Ganze mit dem Begehren des neuen (Eltern-)Paares begonnen.

Patches leben, viele sein in Patchwork-Familien, hat durchaus auch eine Tradition. Jedoch war es eine verdeckte Realität in den früher sogenannten Stieffamilien mit dem Muster »Tun als ob« – tun als ob man eine leibliche Kernfamilie sei. Der moderne Homo ambivalens steht zur Vielfalt. Vielfältig sind Realität und Terminologie. Vielfältig sind die Ansätze, ein für alle gangbares Patchwork so zu leben und zu gestalten, dass sich alle Beteiligten darin wohlfühlen und entwickeln und wachsen können.

Lust, Liebe und Spiritualität

Liebe verkörpert die Sehnsucht nach Ganzheit. Liebe ist der Versuch, die vielen in sich und im anderen zu integrieren. So sucht ein liebender Mensch unbewusst bei der geliebten Person danach, was zur Ganzheit fehlt. Wenn sie momentweise erlebbar wird, verleiht sie dem Leben und der Liebe Glanz. Sie lässt den Himmel spüren.

Und bei Irritationen verstört die Liebe. Sie bricht Gewohnheiten auf, bringt Unordnung. Die Leidenschaft ist eine mächtige Kraft.

Es gibt die ganz und gar normale Ambivalenz in der Liebe. Man verschmilzt – und möchte wieder weg. Man sucht Nähe und Distanz. Unterschiede werden sichtbar und im besten Fall auch angesprochen. Unverträglichkeiten und Missverständnisse lassen sich nicht vollends klären. Man muss sich miteinander auseinandersetzen. Ambivalenz in der Liebe bedeutet, dass zwei Menschen aufeinander zugehen und sich aufeinander einlassen. Sie entwickeln sich gleichzeitig auch als Einzelne, auf dem Weg ihrer Individualität, ihrer Einzigartigkeit. Es geht um Gemeinsamkeit und um Autonomie.

Wir wenden uns nun jener Liebe zwischen zwei Menschen zu, die um etwas Größeres in ihrer Liebe weiß; um etwas Transzendentes, das das Offensichtliche des alltäglichen Lebens überschreitet und sich gleichzeitig im Alltag tiefgründig manifestiert. »Denn stark wie der Tod ist die Liebe«, heißt es im Hohen Lied im Alten Testament. Der Tod ist stark – die Liebe auch.

Es braucht das Sensorium, die Sinne, um das Größere im Kleineren wahrzunehmen, zu erleben. Es braucht Achtsamkeit. Und es braucht Worte, eine Sprache, um es zu benennen, das Wunderbare, das in jedem Tag liegt, in jeder alltäglichen

Handlung, in jedem Atemzug. Unsere Sinne zu öffnen und unsere Sprache zu erweitern, um Liebe und Spiritualität zu begreifen – das ist das Anliegen dieses Textes. Es geht um einen Bereich jenseits der Ambivalenz, jenseits von Zerrissenheit. Das ist möglich.

Liebe ist Herzenskraft. Liebe lässt uns über uns selbst hinauswachsen. Liebe ist Staunen. Liebe ist Berührung, ist Akzeptanz, Bedingungslosigkeit und Hingabe – wie Spiritualität auch. Liebe ist größer als wir selbst. Liebe ist größer als das Paar. Damit sind wir bereits im spirituellen Bereich.

Vielleicht kann dadurch die ganz gewöhnliche Liebe zur großen Liebe werden. Ist es uns nicht allen so gegangen, dass wir die in unserem Leben erstmaligen Erlebnisse von Liebe und von Spiritualität fast nicht fassen und schon gar nicht benennen konnten? Es war einfach ein Wunder mit uns geschehen, das alles bisherige Erleben überstieg. Erst nach und nach konnten wir dieses Wunder in unser Fühlen und Verstehen integrieren und auch davon reden.

Es geht in der Liebe und in der Spiritualität um Wachstum, um Entwicklung auf etwas Größeres zu – als Paar und als Partner. Es geht um das Ausrichten der Antennen, um das Geheimnis des Lebens und der Liebe aufzunehmen. Sowohl der Alltag als auch die Sexualität können als tägliche Feier des Lebens verstanden werden – wenn das Bewusstsein dafür da ist.

So fragt ein Mann seine Frau nach besonders gut erlebter Sexualität: »Ich spiele da mit dem Gedanken, dass das, was wir entdeckt haben, auch etwas Spirituelles hat. Ich bin sehr berührt. Was denkst du?« Sie, ganz ernst: »Ja. Ja. Genau das sagst du mir doch immer, wenn du kommst: O Gott! O Gott. Es macht mich glücklich, wenn ich das höre. Ich spüre dieses Große auch.«

Beide haben das Spirituelle in ihrer Liebe und Sexualität gespürt, und nun ist es noch zum gemeinsamen Benennen gekommen. Das Aussprechen erfordert Mut. Und vielleicht ein Lächeln.

Liebe reicht in die existentielle Tiefe menschlichen Seins hinab, wo es um die letzten Dinge geht: um Leben und Tod, Trauma und Traum, Glaube und Hoffnung. Und sie reicht in den Bereich der Spiritualität hinein, in dem die Eingebundenheit in eine Kraft, die größer ist als jene der Menschen, und in die Verbundenheit von Kosmos und Mensch, von Mensch und Mensch wichtig sind.

Jenseits der Ambivalenz

Wie wir das Größere, das Universum, den Kosmos, die Göttliche Kraft, Gott, Buddha benennen, ist eine persönliche Sache. Wesentlich ist, dass höhere Mächte und Kräfte anerkannt werden, denen man sich anvertrauen kann. Dieses Vertrauen bedeutet auch einen Verzicht darauf, alles kontrollieren zu wollen und zu können. Wir halten das Szepter unseres Lebens nicht allein in den Händen und sind »nicht immer Herr und Frau im eigenen Haus«, wie Freud einmal so treffend bemerkt hat. Es ist ein Annehmen dessen, was ist. Es bedeutet eine Verbeugung vor allen Kräften in uns und in anderen Menschen, die nicht leicht zu bändigen und zu steuern sind. Jeder Mensch kämpft mit seinen inneren Dämonen. Das Tun dessen, was man vermag, und das Lassen dessen, was die eigenen Kräfte überschreitet, das bedeutet, sein Lebensmöglichstes schaffen.

Die Liebe ist eine unsere Steuerung überschreitende Kraft. Sie geschieht. Sie ist ein Geschenk, dem wir uns öffnen können.

Marianne erzählt: »Wenn ich mich sehr mutig und stark fühle, frage ich mich, ob die Liebe etwas Persönliches ist. Ob sie in Wirklichkeit nicht etwas Überindividuelles ist, das sich in Personen fängt, das durch uns alle hindurchgeht und in der besonderen Beziehung zweier Menschen aufstrahlt. Ob wir alle Röhren sind, durch die die Liebe hindurchströmt? Solche Gedanken haben so gar nichts mehr gemein mit dem, was ich von meinen Eltern über Liebe gehört habe. Aber sie eröffnen mir die Möglichkeit zu fühlen, dass ich nicht um jeden Preis mit ei-

*nem Mann zusammenleben muss, dass auch das Alleinsein eine
Perspektive ist, dass das Paar nicht das einzige Gefäß ist, in
dem sich die Liebe sammelt. Das zu wissen macht mich freier
als meine Mutter. Und freier auch den Männern gegenüber.«*[42]

Es ist eine befreiende Erfahrung, dass die Liebe eine Energie
ist, die uns alle durchströmt, wenn wir uns ihr zu öffnen vermögen: uns selbst gegenüber, anderen gegenüber. Die Liebe
meint kein Entweder-oder, sondern ein Sowohl-als-auch:
nicht ich *oder* die anderen. Sondern ich *und* die anderen. Vielleicht sogar: erst ich, dann der Partner. Erst wenn ich mich
selbst liebe, kann ich auch einen anderen Menschen lieben.

Liebesbeziehungen laden Menschen zu persönlich-indivi-
duellem und zum gemeinsamem Wachstum ein. Beides. Primär werden emotionale und sexuelle Nähe ersehnt. Der
Übergang von der Verliebtheit zum Gewahrwerden, dass die
Sehnsucht nach Harmonie und Verschmelzung nie ganz in
Erfüllung gehen kann, ist in jeder Liebe immer auch desillu-
sionierend. Kann dieser Übergang immer wieder bewusst gestaltet werden, entfalten sich die Möglichkeiten zum Wachstum. Die Liebe ist größer als das Paar.

Die Fähigkeit, sich selbst zu lieben, wird zum Gradmesser
der Liebe zu einem anderen Menschen. Wer sich selbst nicht
liebt, kann entweder kaum glauben, dass ihn jemand anderes
liebt, oder ist abhängig davon, dass ihn jemand anderes liebt.
Selbstliebe hat mit der Eingebundenheit in etwas Größeres und
mit der Verbundenheit mit uns selbst und mit anderen zu tun.

Die Liebe zu sich selbst ermöglicht erst, sich dem Partner
so zuzumuten, wie man ist. Das setzt voraus, seine eigenen
Gefühle wahrnehmen zu können und sich nicht davon über-
wältigen lassen zu müssen. Beim Umgang mit Gefühlen geht
es im Kern immer um den Umgang mit Angst. Es ist die
Angst vor der eigenen Unberechenbarkeit, die Angst, sich
nicht ausdrücken zu können, und immer auch die Angst,
beim anderen nicht anzukommen, nicht wahrgenommen zu
werden, nicht verstanden zu werden. Glück scheint die Möglichkeit zu sein, diese Angst zu modulieren, einzudämmen

und für das eigene Wohlbefinden gut zu sorgen. Der amerikanische Sexualtherapeut David Schnarch spricht von der selbst-bestätigten Intimität als der Möglichkeit, sich dem Partner zu öffnen, ihm nahe zu sein und dabei in sich selbst Bestätigung zu finden. Die Bestätigung also nicht beim Partner suchen, sondern wagen, sich dem Partner zu zeigen. Jenseits von Unterwerfung und Anpassung, jenseits von Kontrolle und Vereinnahmung. Beide Partner entwickeln sich durch die Bestätigung ihrer selbst als liebende Partner. Der größte Vertrauensbeweis in einer Paarbeziehung gilt sich selbst, nämlich ob man sich selbst etwas zutraut. Je stärker die eigene Liebe zum Partner ist, desto stärker muss die eigene Fähigkeit ausgeprägt sein, sich selbst zu beruhigen und zu trösten. Es empfiehlt sich nicht, den Partner mehr zu lieben als sich selbst. »Liebe ist nichts für die Kleinmütigen.«[43]

Die Balance von Liebe und Selbstliebe

Es braucht Mut, die Liebe zum Partner und zu sich selbst in Balance zu halten. Davon handelt das folgende Beispiel.

Eva und Adam sind seit sechs Jahren ein Paar. Beide sind berufstätig und leben in einer eigenen Wohnung in derselben Stadt. Sie verbringen einen Großteil ihrer Freizeit und Ferien miteinander. Eva leidet seit ihrer Kindheit an Verlassenheits- und Trennungsängsten. Die früheren Selbste (ihre inneren Kinder: Ich werde verlassen) drängen sich immer wieder in ihr erfülltes Erwachsenenleben. Adam hat auch mit früheren Selbsten (Ich bin anders als ihr) zu kämpfen. Immer noch setzt er sich trotzig vom Lebensstil seiner Eltern ab, was ihn viel Energie kostet.

Beide haben im letzten Jahr je eine Affäre gehabt, die ihnen immer noch zu schaffen macht. Das Vertrauen ist bei beiden auf dem Tiefpunkt. Sie merken im Gespräch, dass sie sich selbst auch nicht vertrauen. Eva: »Ich vertraue mir nicht, ich liebe mich nicht – außer ich leiste etwas Tolles im Beruf. Das ist zu wenig. Ich möchte mich selbst anerkennen und mögen.«

Adam: »Ich möchte Eva nicht ausweichen, obwohl sie mir manchmal Angst einflößt. Ich muss mich selbst mehr dazu ermutigen, mich als Mann und Partner zu stellen.«

Die nächsten Entwicklungsschritte werden beiden in einer längeren Paartherapie klar. Sie erkennen, dass es darum geht, einen sich selbst stärkenden Umgang mit den Ängsten, dem Vertrauen und der Liebe zu sich selbst zu finden. Auf diese Weise wird die Liebesbeziehung von den Nöten beider Partner entlastet. Beide haben bisher gemeint, der andere müsse das für sie tun; ein Modell abhängiger, verschmelzender Liebe. Wenn sie es beide für sich tun, entsteht Raum für die Liebe im Paar. Eva: »Wenn ich mich jetzt gut fühle, für mich selbst oder mit Adam, dann habe ich mich gern. Das ist ein Anfang. Ich habe meine Verlassenheitsängste schon lange nicht mehr gespürt. Wir beginnen uns auf neue Art zu erkennen und zu lieben.« Adam: »Ich muss mich nicht mehr so um Eva sorgen. Sie sorgt für sich selbst, und ich kümmere mich darum, dass es mir gut geht. Das fühlt sich sehr entlastend an. Ich bin heute anders mit ihr zusammen als zuvor, offener, freier von Erwartungen.« Eva: »Wenn wir streiten, streiten wir anders, auf gleicher Augenhöhe, fairer, weniger verletzend, versöhnlicher, und beide gewinnen wir den Streit.«

Wenn in einer reifen, gleichberechtigten Paarbeziehung unterschiedliche Bedürfnisse auftauchen, muss ausgehandelt werden. Wer bestimmt den Wohnort, den Arbeitsort, den Lebensstil, die Freizeit- und Feriengestaltung? Wer leistet einen Verzicht beziehungsweise bringt ein Opfer, wenn ein Konsens nicht möglich wird? Wie lebt es sich mit einem Verzicht, und wie lebt es sich als Partner, wenn der oder die andere einen Verzicht leistet?

Es ist zuweilen sehr schwierig, zwischen einem sinnvollen und einem schädlichen Verzicht oder Opfer zu unterscheiden. Wenn der Konsens im Paar erreicht werden kann, dass eine Seite einen Verzicht erbringt, wird die Paarbeziehung weniger belastet, als wenn beispielsweise der Mann es einfach nicht einsehen will, wie schwer es seiner Frau fällt, ihrem Beruf nicht mehr nachgehen zu können; oder wenn die Frau einfach nicht verstehen kann, weshalb ihr Mann sein Hobby so leidenschaftlich pflegt.

Sich anzuerkennen, sich zu bestätigen, sich zu versöhnen im Paar ist immer auch ein Akt der Sorge um sich selbst und eine bewusste Entscheidung dafür, ein selbstbestimmtes Leben zu führen, als Partnerin, als Partner.

Partner verstehen sich nie vollständig, selbst wenn sie sich selbst gut kennen und den anderen und sich selbst lieben. Bei aller Nähe und Intimität begegnen sich in einer Liebesbeziehung immer auch zwei ganz andere, ganz unterschiedliche, manchmal gar fremde Menschen. Liebe bedeutet immer auch, einsam zu sein, auf sich selbst zurückverwiesen zu sein. Deshalb ist es so wichtig, sich selbst anzunehmen und zu lieben. Wenn sich in der Liebe zwei Einsamkeiten in Respekt begegnen, dann können Nähe und Öffnung entstehen. Dann wird der *ganze* Mensch möglich, das An- und Aufnehmen des Weiblichen beim Mann und des Männlichen bei der Frau.

> *Lasset Wind und Himmel tanzen zwischen euch.*
> *Liebet einander, doch macht die Liebe nicht zur Fessel.*
> *Schaffet eher ein webendes Meer zwischen den Ufern eurer Seelen.*
> Khalil Gibran

Licht und Dunkelheit

Wenn das Glück der Liebe und die Ekstase Menschen zum Größeren, zum Mysterium hin öffnen, ist es ein großes Geschenk. Es ist nicht immer so. Wir alle kennen wohl mehrere Liebesarten und kennen damit auch Dunkelheit, Verrat, Gewalt. Gewalt kann subtil sein und mit Rücksichtslosigkeit, Desinteresse und dem Missachten der Persönlichkeit des anderen beginnen. In Therapien erfahren wir Liebespaare, die am Erleben des Dunklen gewachsen sind – wenn in der Dunkelheit nicht zu viel Vertrauen zerstört wurde und nicht zu viele Verletzungen geschahen. Dunkelheit kann auch bedeuten, dass zwei trostlose und verlorene Seelen zueinandergefunden haben. Und wenn sie sich miteinander nicht in der verschmelzenden Liebe verlieren, dann können sie vom Dunkel ins Licht kommen.

Dunkelheit und Licht gehören zusammen. Das eine ist ohne das andere nicht möglich. Wenn gesagt wird, dass Dunkelheit das Tor zu allem Verständnis ist, so gilt das auch für das Licht. Licht und Dunkelheit können von unseren Sinnen nicht vollständig durchdrungen werden. Wir kennen sie nicht. Wir sind nicht wissend. Wir können uns in der Liebe üben, denn sie durchdringt die Dunkelheit und macht uns im Licht sehend. In diese Liebe gehört das Wissen, dass im Leben alles vorläufig und im Wandel ist – die Ekstase wie auch die Dunkelheit. Das ist tröstlich.

Manchmal fehlen uns die Worte, um solche Erfahrungen zu benennen und mit-zu-teilen, zu teilen. Es fühlt sich anders an, wenn uns für ein intensives Gefühl die Worte fehlen, sei es der Schmerz oder das Glück. Die Seele blickt durch trübe Gläser und der Mensch fühlt sich seelenallein. Erst die bewusste Wahrnehmung, die Erfassung und die Mitteilung, der Austausch durchdringen die Liebe und öffnen sie zu etwas Größerem, das in der Gemeinsamkeit erlebt wird. Sonst bleiben beide in der Liebe einsam.

In einem Paarseminar bricht es erstmals aus Robert heraus. Er hat genug davon, so passiv und ängstlich zu sein. Das gehört zu seiner Vergangenheit und Gegenwart; so war er immer, und alle um ihn herum waren auch so. Heute will er ein Mann sein. Er geht noch einen Schritt weiter und sagt: Ich kann ein Mann sein. Genau das wünscht sich seine Frau Sina. Sie hadert seit Jahren mit Roberts Passivität. Doch noch vor dem Seminar hat sie etwas Neues versucht. Sie hat sich vorgenommen, Robert keinerlei Vorwürfe mehr zu machen. Stattdessen hat sie sich gefragt, was sie nicht für sich getan habe. So bestätigen sich im Seminar beide Partner. Robert kann ein Mann sein und Sina fragt sich, was sie für sich tun kann, anstatt Robert in die Enge zu treiben. Beide treten nun für sich selbst ein.

Es ist immer ein eindrückliches Erleben, wenn sich ein Mensch für sich selbst einsetzt und sich selbst bestätigt. Es ist ein erster Schritt, das für sich selbst zu tun und es dem Partner mitzuteilen. In einem zweiten Schritt steht an, diese Selbstbestätigung in die Interaktion, in die gemeinsamen Aktivitäten des Paares (Sexualität, Lebensstil, Gestaltung des Alltags, Erziehung der Kinder, Spiritualität) einzubringen. Der Mann Robert will nicht mehr länger seine Angst vor Kraft und Aggression zurückzuhalten. Und Sexualität hat viel mit gesunder Aggression zu tun. Die Frau Sina kann ihre Bedürfnisse und ihre Weiblichkeit würdigen und sich selbst und damit auch Robert entgegenkommen.

Das Bemühen von Menschen um Wahrhaftigkeit, Selbstbestätigung und um das Ausschöpfen des sexuellen Potenzials enthält immer auch eine starke, spürbare spirituelle Komponente. Auch C.G. Jung hat festgestellt, dass Menschen, die in ihrer Individuation fortgeschritten sind, eine große Ausgeglichenheit in ihren weiblichen und männlichen Anteilen verkörpern. Dies falle mit einer spirituellen Entwicklung zusammen, letztlich mit der Manifestation des Göttlichen in der Entfaltung der menschlichen Seele.

Versöhnung mit sich selbst

Es gibt diese Notwendigkeit für sich selbst, und es gibt sie im Paar. Wenden wir uns vorerst der Versöhnung mit sich selbst zu. Möglicherweise befinden wir uns in einer schwierigen Lebenssituation. Wir sind weit davon entfernt, ein erfülltes Paarleben zu führen. Wir sind arbeitslos. Es fehlt ein Partner. Oder es fehlen Kinder. Es wird mit sich selbst und der Welt gehadert. Dann ist es nicht einfach, die Gegenwart zu bejahen. Die Selbst-Bestätigung allein und im Paar scheint in unerreichbarer Ferne zu liegen. Ekstase und Liebe ebenfalls.

Rose ist unzufrieden und unglücklich. Das Leben bietet ihr nicht das, was sie sich wünscht. Sie hat keinen Partner. Im Beruf als Lehrerin hat sie den Eindruck, mehr zu geben, als sie zurückerhält. Die Balance stimmt nirgends, weder mit ihren Eltern und Geschwistern noch mit ihren Kollegen oder mit ihren Schülern. Sie vertieft sich in einem mehrtägigen Naikan-Kurs in die drei Fragen, die Naikan, eine Form von Selbsterforschung, ausmachen: welche Unterstützung sie von anderen Menschen erhalten hat, um an ihren heutigen Ort im Leben zu gelangen; was sie in ihrem bisherigen Leben anderen Menschen an Unterstützung hat zukommen lassen; welche Probleme und Schwierigkeiten sie anderen bereitet hat, um dahin zu gelangen, wo sie heute ist.

Rose realisiert, dass sie von Eltern, Lehrern und Freunden viel Unterstützung erhalten hat, um an ihren heutigen Ort zu gelangen. Es beschämt sie. Es wird ihr bewusst, dass sie ihren Weg ziemlich egoistisch gegangen ist und kaum andere Menschen unterstützt hat. Mit ihren ständigen Ansprüchen und Klagen hat sie vermutlich vielen Menschen rund um sich herum Schwierigkeiten bereitet, kaum je Anerkennung und Dankbarkeit geäußert. Vielleicht hat sie deshalb wenig Freundinnen und keinen Partner. Sie hat immer sehr viel von den anderen erwartet und in einer Illusion von Unabhängigkeit gelebt. Nun merkt sie, wie abhängig sie in ihrem Leben und in ihrer Arbeit immer war und noch ist. Freundlicher formuliert: wie verbunden sie mit anderen ist und dass sie das nun auch schätzen kann. Dass ein Geben und Nehmen in Balance kommt, wird zu ihrer täglichen Herausforderung. Die Entwicklung von Wertschätzung, Mitgefühl und Dankbarkeit für alle Menschen, die ihr seit ihrer Kindheit bis heute begegnet sind, fördern ihre Versöhnung mit ihrem Leben, mit sich selbst.

Wir können unsere Einstellungen und Gedanken gegenüber der jetzigen Situation prüfen und dann mit der Zeit auch ändern. Es ist in unserer Gesellschaft üblicher, danach zu fragen, was uns vorenthalten wurde, was uns fehlt und was uns andere nicht gegeben haben. Stellen wir die Fragen an uns in der Art von Naikan, so werfen wir einen neuen, dankbaren und versöhnlichen Blick auf unser Leben. Wir fokussieren uns einmal auf das, was wir erhalten haben. Dankbarkeit öffnet die Augen für die Verwobenheit aller Dinge und Menschen. Die Dankbarkeit hat eine versöhnliche Wärme. Wir lösen uns durch Vergebung und Versöhnung innerlich von der Vergangenheit oder von einer schwierigen Gegenwart; wir steigen aus dem Kreislauf von Schmerz, Wut und Vorwürfen aus. Wir befreien uns, auch von unserer fantasierten Zukunft. Es ist nie zu spät, daran zu glauben, dass Leiden, Schuld und Trotz, Angst und Ärger aufgelöst werden und sich in eine versöhnliche Haltung uns selbst und dem Leben gegenüber verwandeln können.

Uns selbst zu bejahen und zu akzeptieren, das betrifft uns als ganze Menschen mit unseren Stärken und Schwächen, unseren Erfolgen und Misserfolgen, unseren Idealen und Wünschen, Ängsten und Nöten, Schönheiten und Unvollkommenheiten, Ambivalenzen und Spannungen. Das ist unser gegenwärtiges Sein. Erst wenn wir uns selbst akzeptieren, haben wir die Möglichkeit, uns zu entfalten und zu entwickeln. Dann mögen wir uns öffnen, dann trauen wir uns selbst. Wenn wir immer wieder Frieden mit uns selbst schließen, werden wir uns weniger ärgern und werden wir weniger Angst haben. Wir glauben an uns selbst, uns selbst zuliebe – als Single und als Partner und Partnerin.

Versöhnung mit anderen

Wenn wir wissen, was zu uns und was zu den anderen gehört, was wir selbst zu bearbeiten haben und was wir getrost den anderen überlassen können, dann werden wir zum einen die innere Verwandtschaft mit allen Dingen, mit allen Menschen fühlen. Wir sind ein Teil des Ganzen. Die Welt fängt an zu singen und zu klingen. In allem begegnen wir dem Lebendigen – in uns selbst und in allem, was uns umgibt und begegnet. So entsteht Mitgefühl.

Zum anderen können wir in dieser Haltung und aus dem Mitgefühl heraus dem Partner Versöhnung anbieten. Im Mitgefühl wissen wir immer auch um die eigenen Zerbrechlichkeiten, Schwächen und Ängste. Wir haben sie auf beiden Seiten. Versöhnung bedeutet, dem anderen immer wieder die Hand reichen.

Versöhnung ist eine Angelegenheit der Einsicht, der Dankbarkeit und der Herzenskraft. Es geht um Einlenken ins Gegebene und um Loslassen. Der Versöhnung geht oft eine Zeit des Schmerzes und der Trauer voraus – darüber, was nicht oder noch nicht ist. In der Trauer würdigen und anerkennen wir unser Leid und unseren Schmerz, unsere Rache- und Vergeltungswünsche, unser Hadern und unseren Hass. Im Fühlen des Schmerzes erleben wir Verbundenheit und Mitgefühl. Wir vermögen zu vergeben, zu versöhnen.

Die primäre Versöhnung mit sich selbst ist wichtig, weil sich in einer Beziehung vielleicht nicht beide der Versöhnung öffnen wollen beziehungsweise dafür bereit sind. Dann muss es der eine Teil für sich selbst tun – sich selbst zuliebe. Versöhnung bedeutet immer Dankbarkeit für und Loslassen des Geschehenen. Achtsamkeit und Mitgefühl. Versöhnung geschieht mit allen Sinnen. Versöhnung lässt sich gestalten, mit Symbolhandlungen und Ritualen. Das bedeutet immer auch eine Transzendenz, ein Überschreiten der Grenze des unmittelbar Erfahrbaren. Versöhnung stellt den Menschen in einen Zusammenhang, der größer und weiter ist als der Raum, in den die Menschenkraft hinreicht.

Man sieht nur mit dem Herzen gut.
Antoine de St. Exupéry

Die Liebe ist eine Herzenskraft

Dem Herzen kommt in unserem Leben und Liebesleben eine einzigartige Bedeutung zu. Das findet schon im Volksmund seinen natürlichen Ausdruck: ins Herz schließen, zu Herzen nehmen. »Geh aus, mein Herz, und suche Freud in dieser lieben Sommerzeit an deines Gottes Gaben«, beginnt das alte Sommerlied von Paul Gerhardt. Das Herz ist eine beliebte kraftvolle Metapher: der Ruf des Herzens, das Herz erwärmen, das Herz füllen und auch ausschütten, das Herz bewahren und im Herz bewahren, das Herz öffnen und verschließen, Herzeleid und Herzensfreude, ein Herzenswunsch, sich ein Herz fassen und sich im Herzen verbunden fühlen. Im Herzen spüren wir die Fähigkeit zu lieben und zu fühlen. Das Herz kann zerspringen oder brechen, und es kann genesen und heilen. So wie das Herz zu einem reden kann, so kann es möglich sein, mit dem Herzen zu reden. Das Herz kann zu einem inneren Dialogpartner werden, der bei wichtigen Entscheidungen hilft, die ureigene Lösung zu finden. Der Dialog mit dem Herzen ist eine Variante des Dialoges mit dem inneren Kind oder der inneren Weisheit oder Güte. Dankbarkeit, Vergebung und Versöhnung haben mit dem Herzen zu tun. Das Herz ist der Platz des Zusammenkommens und der Auflösung der Gegensätze.

Wenn wir in Liebe erröten, ein Kind liebevoll umarmen oder gut zu uns selbst sind, ist das Herz dabei. Und dies nicht ausschließlich im übertragenen Sinn, wie heute medizinisch analysiert und erwiesen ist. Nervenreize und Hormonausschüttungen regulieren das Herz und seinen komplexe Arbeit und bilden die physiologische Seite dessen, was wir an Herzgefühlen wahrnehmen. Wenn wir in einer Imagination etwas Schönes wahrnehmen und genießen, spielt auch das Herz mit. Es arbeitet im besten Fall in ebenmäßigen physiologischen Wellen, die im Begriff der Herzkohärenz zusammenfasst werden können. Die Herzkohärenz hat durchaus auch eine psychische und spirituelle Seite. In Imaginationen und östlichen Meditationspraktiken wird durch das Herz geatmet und das Herz wird gereinigt, erfrischt, in Sauerstoff gebadet, beruhigt und geöffnet. Es ist also möglich, mit dem Herzen in Kontakt zu treten und ihm Gutes zu tun. Ich kenne einige Kolleginnen, die mit Herzkohärenz-Übungen erfolgreich arbeiten und sie nicht mehr missen möchten für sich und ihre Klienten. Ein wohliges Gefühl von Wärme, innere Dankbarkeit und ein Lächeln sind Zeichen von Herzkohärenz. Viele Menschen lokalisieren solche Wohlgefühle im Bauch; es kann auch das Herz und beides zusammen sein. Letztlich sind alle Organe und auch das innere Kind Teile von uns selbst. Im Zeichen der Selbstversöhnung ist ein guter innerer Dialog hilfreich.

Die große Symbolträchtigkeit des Herzens mag auch damit zusammenhängen, dass wir es als einziges inneres Organ spüren, hören, fühlen. Das Blut wird in allen Kulturen mit Leben und Lebenskraft in Verbindung gebracht. Wer darin Übung entwickelt, spürt das Herz im gefühlsmäßigen Sinn. Er kann damit empfangen und auch senden. Und er kann mit dem Herzen und im Herzen verstehen. Es macht einen Unterschied, ob wir im Kopf oder im Herz verstehen. Versöhnung bedarf in der Herzsprache einer Öffnung des Herzens. Geben und Nehmen fallen in eines zusammen. Die Logik des Herzens funktioniert zeitlos und grenzenlos. Heilerpersonen sind mehr und mehr überzeugt, dass Heilung aus dem Herzen kommt.

Autonomie und Abhängigkeit

Eigenständigkeit und Verbundenheit sind die Grundbedürfnisse im Paar, die es immer wieder neu zu harmonisieren gilt.

- Die Eigenständigkeit treibt dazu an, den eigenen Träumen und Vorstellungen zu folgen und die eigene Einzigartigkeit zu entwickeln.
- Die Verbundenheit in der Liebe und Sexualität stärkt die Intimität, das Miteinander von zwei einzigartigen, eigenständigen Menschen.

Die Differenzierung ist die Fähigkeit, im intimen emotionalen und körperlichen Kontakt zum Partner das eigene stabile Selbstgefühl zu wahren. Eigenständig und kooperationsfähig zu sein.

Mangelnde Differenzierung bedeutet Verschmelzung. Das stabile Selbstgefühl, der Selbstwert, die Selbstliebe, die Eigenständigkeit sind nicht genügend ausgebildet. Die Partner übertragen sich wechselseitig psychische Funktionen. Oder Funktionsanteile. Sie sind nicht eigenständig, sondern abhängig voneinander. Erinnern wir uns an die treffende Frage von Hans Jellouschek: »Liebst du mich, weil du mich brauchst? Oder brauchst du mich, weil du mich liebst?« »Ich liebe dich, weil ich dich brauche« ist Ausdruck der unreifen, verschmelzenden, wenig differenzierten Liebe. Im von Jellouschek betrachteten Märchen vom Froschkönig begegnen sich der Frosch(-Mann) und die Prinzessin(-Frau), zwei bedürftige Kinder, die sich Erlösung wünschen. »Ich brauche dich, weil ich dich liebe« kennzeichnet die reife, differenzierte Liebe. Die Königstochter hilft dem Frosch nicht, sich zu verwandeln, indem sie ihm seine Wünsche erfüllt, sondern indem sie ihm diese versagt. Indem sie den Frosch an die Wand schmettert, stellt sie sich ihrer dunklen Seite und steht damit zu sich selbst. Beide beenden ein altes symbiotisch-verschmelzendes Liebesmuster.[44]

Ein Mensch mit hohem Differenzierungsgrad – gegenüber dem Partner, gegenüber der Herkunftsfamilie – hat starke emotionale Bindungen, tiefe Zuneigung, ohne zu verschmelzen und sich emotional zu verstricken (zum Beispiel in Eifersucht). Sein Selbstgefühl bricht nicht zusammen, wenn der Partner nicht da ist oder er ohne Liebesbeziehung lebt. Er kann die Selbstbestätigung auch in sich selbst holen.

Ein differenziertes Paar lebt Wechselseitigkeit: Beide schreiten in ihrer persönlichen Entwicklung voran *und* haben zugleich das Glück und Wohlergehen des Partners im Blick. Beides eben. Das auch in Momenten, wo es schwierig oder gar aussichtslos erscheinen mag.

Hanna und Uli: Sie fühlen sich weit voneinander, kurz vor der Trennung. Es scheint sie nichts mehr zu verbinden außer den Kindern. Es gibt kein emotionales Miteinander, keine Intimität mehr, selten Sex, kein wirkliches Gespräch. Beide haben auf unterschiedliche Weise den Eindruck, dass wechselseitig kein Interesse mehr aneinander besteht.

In der Paartherapie explodieren beide, wenn der/die andere eine andere Meinung äußert. Das Paar ist erstaunt, dass die Therapeutin das als Zeichen dafür interpretiert, wie wichtig sie einander sind. Sie haben beide nicht das Gefühl, für den anderen wichtig zu sein. Dabei haben beide ein ausgeprägtes Bedürfnis nach Kontakt und nach Anerkennung. Sie stellen sich gegeneinander, streiten, um in Verbindung zu treten.

Hanna und Uli sind emotional miteinander verschmolzen. Ihre je eigene Identität entsteht aus dem gespiegelten Selbstgefühl. Sie haben kein eigenes Selbstgefühl, bei dem die Gefühle kommen und gehen. Sie können beide nicht sie selbst sein, wenn sie zusammen sind. Wenn sie miteinander schlafen, achten sie auf den anderen, nicht auf sich selbst. Sie begehren den andern nicht, sondern sie brauchen ihn.

Uli knüpft sein Selbstwertgefühl an seine Erektionsfähigkeit. Beide sind ängstlich, dass es nicht klappen wird. Hanna hat die Nase voll davon. Sie will innerhalb der Beziehung eigenständig werden und drückt es auch aus. Das ist in Hannas Entwicklung ein Schritt aus der Verschmelzung hinaus in die selbst-bestätigte Intimität. Sie beginnt mehr und mehr auf sich selbst zu achten und gleichzeitig voll präsent zu sein in der Intimität. Nun offenbart sie Uli Aspekte von sich, die ihm missfallen könnten. Sie sucht keine Bestätigung mehr von Uli – und zu ihrem großem Erstaunen erhält sie sie nun von ihm. Uli macht nach einigem Zögern und innerer Bedrängnis mit. Im Alltag. In der Sexualität. Und sie erlebten nun in ihrer Liebe etwas, was größer ist als sie, eine Art spiritueller Vereinigung. Mehr noch: Sie können gleichzeitig zulassen, dass sie sich auch in guten Zeiten existenziell getrennt fühlten, nicht wegen des andern, sondern aus einer unvermeidbaren Art des Menschseins heraus. Und sie erkennen im Gespräch, dass sie sich je einzeln und als Paar als Teil eines größeren Ganzen wahrnehmen und fühlen können.

Der größte Vertrauensbeweis bei diesem Paar gilt sowohl bei Hanna als auch bei Uli sich selbst. Erst wenn sie sich selbst etwas zutrauen, können sie es auch dem andern gegenüber tun.

Das gilt bis zum unvermeidlichen Ende. In der Paarbeziehung erwirbt man sich die Selbstbestätigung und Kraft, Liebe und Hingabe, um beim Verlust des Partners sich selbst durch Liebe und Fürsorge zu tragen, Ruhe und Trost zu spüren.

Dieses Wachsen bedarf des Gesprächs. Wie viele Paare erzählen doch, dass sie das wesentlichste und tiefste Gespräch ihres Lebens dann hatten als einer der Partner erkrankt war. Dann wird die existenzielle Getrenntheit von Liebenden besonders schmerzlich spürbar. Und doch: Angst und Schmerz angesichts des möglichen Sterbens und des Todes des einen Partners sind wichtiger Teil der gemeinsamen gegenwärtigen Freude und Liebesintensität.

> *Denn gleich wie die Liebe dich krönt,*
> *so wird sie dich kreuzigen.*
> *So wie sie deinen Lebensbaum entfaltet,*
> *so wird sie ihn beschneiden.*
> *So wie die Liebe emporsteigt zu deiner Höhe und*
> *die zartesten Zweige liebkost, die in der Sonne*
> *erbeben, so wird sie hinabsteigen zu deinen*
> *Wurzeln und sie aufrütteln in ihrem Festklammern*
> *am Erdboden.*
> Khalil Gibran[45]

»Die Welt hat Zusammenhang, die Evolution hat eine Richtung: Eros als der Geist in seinem Wirken (…), das Hindrängen des Geistes zum Geist, das zum Ausdruck kommt als eine Abfolge immer umfassenderer Integrationen und Ganzheiten – Schritte des Geistes zur Verwirklichung seiner selbst. Eros ist in jedem Stadium des Prozesses als der Prozess selbst gegenwärtig.«[46]

Gibran sagt es poetisch und reicht damit vom irdischen in den spirituellen Bereich. Wilber drückt es mystisch-evolutionär aus. Der Kosmos ist geheimnisvoll geordnet. Der Geist (als mind und als spirit) ist im Kosmos ebenso enthalten wie die Materie, der Körper, und die Seele. Die Evolution ist im Gange, noch unvollendet. Geist und Seele sind Versuche, die innere Erfahrung von uns Menschen zu beschreiben. Machen wir uns an die Arbeit – höre ich innerlich Wilber sagen –, den Eros, das Mitgefühl und die Für-Sorge zu entwickeln.

Eine Liebes- und Paarbeziehung bietet in ihrer Nähe und Intensität eine fantastische Möglichkeit zu wachsen. Allerdings nur dann, wenn sich ein Paar um die Entwicklung der Differenzierung bemüht. Liebesbeziehungen fordern zu einer Selbstbestätigung der Partner heraus. Sich den Wünschen des Partners anzupassen und seinen Erwartungen entsprechen zu wollen bringt keine Vertiefung der Liebe. Es gilt vielmehr, dem emotionalen Druck im Paar standzuhalten, und das bedeutet, auch in der Intimität man selbst zu bleiben, auf sich zu hören und wahrhaftig man selbst zu sein. Man selbst zu sein, sich selbst zu lieben und sich selbst zu bestätigen; dann das Bedürfnis nach Individualität mit dem Bedürfnis nach Gemeinschaft zusammenbringen – das ist für ein Paar eine Chance, eine Liebe zu erleben, die größer ist als das Paar.

Viele sein: eine eigenständige Person, die ihrerseits auch ihre inneren bedürftigen Kinder kennt und versorgt. Die Liebende in einer Partnerschaft, die als Erwachsene und in selbst-bestätigter Intimität liebt. Der Liebende, der sich als Teil der Liebespartnerschaft und als Teil des Universums erlebt. Der Liebende in der tiefen Freundschaft, die Teil jeder Liebe ist.

Jede Beziehung ruft andere innere Selbste wach. Immer sind es viele, die in einer Liebes- und Freundesbeziehung dabei sind. Manchmal halten sie still, manchmal machen sie viel Lärm – weil sie noch etwas brauchen, was sie früher nicht erhalten haben. Liebe – als Heilung früherer Wunden. Liebe als Heilung heutiger Wunden, insbesondere in der Öffnung zu einem größeren Zusammenhang. Liebe als Lebenszustand, als Suche und Erfüllung, als Geschenk. Niemals selbstverständlich, niemals einfach gegeben und darin stark wie der sanfte Tod.[47]

Einladung: Lächeln und Achtsamkeit IV
Der Liebe ein Lächeln schenken

Dialog mit einem herbstlichen Blatt am Baum im Park

Ein Käfer, ein Blatt, ein Sonnenstrahl, ein Lächeln: Wir können mit ihnen Kontakt aufnehmen. Es ist Herbst. Das Blatt hängt noch am Ahornbaum. Es ist bereits rötlich gefärbt. Es habe mitgeholfen, den Baum zu ernähren. Es sei für den Baum eine Mutter gewesen. Ich bin auch der Baum, sagt das Blatt. Ich bin nicht auf eine Form beschränkt. Wer ist die Mutter? Der Baum? Das Blatt? Beide?

Die Wurzeln schicken Wasser und Mineralien in den Baum und in die Blätter. Das reicht noch nicht für die Ernährung des ganzen Baumes. Die Blätter nehmen das Sonnenlicht auf und verwandeln es. Sie schicken den aufgestiegenen Saft mithilfe von Sonnenlicht und Gas zurück in den Baum, um ihn zu ernähren. Um Mutter zu sein.

Hat denn das herbstliche rötliche Blatt Angst, bald abzufallen?

O nein, meint das Blatt. Während des ganzen Frühlings und Sommers war ich lebendig und arbeitete schwer, um den Baum zu ernähren. Jetzt befindet sich viel von mir im Baum. Ich bin nicht auf diese Form beschränkt. Ich bin auch der ganze Baum, und wenn ich zum Erdboden zurückkehre, werde ich den Baum weiter ernähren. Ich mache mir also keine Sorgen. Wenn ich diesen Zweig verlasse und zum Boden schwebe, werde ich dem Baum zuwinken und ihm sagen: Ich sehe dich schon bald wieder.

Und schon bald schwebt das rötliche Blatt fröhlich zum Erdboden. Munter dreht es sich im Wind und scheint zu tanzen. Es ist Blatt und Erdboden und Baum und Kosmos zugleich. Es ist alles. In Liebe verbunden.

Von diesem Blatt können wir viel lernen.[48]

~

Es gibt die Geschichte von den Hopi-Indianern, die jeden Morgen der Sonne die Kraft vermitteln, damit sie sich in den

Himmel erheben kann. Aberglaube. Selbstüberschätzung?
Kraft der Liebe und Verbindung zu allem, was auf Erden ist.
Wechselseitige Abhängigkeit. Wechselseitige Verbundenheit.
Unser Leben ist eins. Liebe lebendig.

~

Meditation über wechselseitige Abhängigkeit

Es gibt einen Afrikaner, der im Boot von Libyen nach Italien flüchtet. Er hat viel bezahlt für den Schlepperdienst. An Bord ist ein junges Mädchen, das ihm überaus gefällt – und das er in einer dunklen Bootsecke vergewaltigt. In derselben Nacht ertränkt sich das Mädchen im Meer.

Es ist nicht schwer, sich mit dem jungen Mädchen solidarisch zu fühlen.
  Es ist schwer, sich mit dem Afrikaner zu solidarisieren.
  Im Lichte der Achtsamkeit sind Afrikaner und Mädchen von derselben Natur.

Ich stelle mir vor, dass ich im Dorf und unter den misslichen Verhältnissen des Afrikaners geboren und aufgewachsen bin. Ich könnte dieser Afrikaner sein. – Das soll seine Untat nicht entschuldigen. Sie ist unentschuldbar. Aber der leidende Mensch erhält unser Mitgefühl.

Wir sind beide.
  Ich bin das junge Mädchen.
  Ich bin der Afrikaner.
  Ich habe viele Namen, ich bin alle, ich bin viele.
  Mein Mitgefühl mit dem Afrikaner bedeutet auch ein Mitgefühl für meine Schattenseiten.
  Dank des Mitgefühls für beide Seiten sind wir für Frieden offen.
  Hass und Gewalt sind Krieg – in uns, zwischen uns Menschen.
  Versöhnlichkeit ist eine immer wieder zu leistende Haltung. Allem gegenüber. Auch uns selbst.
  Friede selbst ist der Weg.

~

Lächeln heißt Achtsamkeit. Lächeln heißt Annehmen: das Leid und die Freude. Lächeln bedeutet Mitgefühl und Herzensgüte – im gegenwärtigen Moment.
Wann sonst?

~

Inneres und äußeres Lächeln: Manches Mal ist es das eine oder das andere. Im schönen Fall entsteht das eine aus dem anderen und sind es beide. Manches Mal vermag das innere Lächeln nach außen zu scheinen. Oder das lächelnde Gesicht spürt einen Nachhall im Inneren.
Wir möchten aus unserem Herzen und aus unserer Seele heraus lächeln. Das ist immer schön. Wenn es zuweilen zu schwierig ist, beginnen wir im Äußeren und hoffen auf die innerliche Antwort.

~

Andere Menschen und Wesen verstehen zu wollen heißt, ihnen mit Mitgefühl, in der Intuition des Herzens zu begegnen. Jenseits von Müssen, Dürfen und Sollen. Es bedeutet, das Herz zu öffnen und sie zu lieben. Tief und engagiert hinschauen bedeutet verstehen.

Wer uns leiden lässt, leidet selbst. Wenn wir das begriffen haben, werden wir für die Liebe offen sein, bedingungslos. Wir werden den anderen wünschen, dass sie weniger leiden müssen.

Was spürst du in deinem Herzen?
Das war die Frage, die die Pariser Kinderpsychoanalytikerin Françoise Dolto ihren kleinen Patienten und Patientinnen stellte, die bei ihr Hilfe suchten. Und die Kinder verstanden die Frage auf Anhieb und fühlten sich ermutigt, darauf zu antworten.
Was spürst du in deinem Herzen?

5. Was ich anlächle – was mich anlächelt

Würden wir uns weigern, über das Lächeln und Lachen nachzudenken, würden wir uns der Frage nach uns selbst verweigern. Sich mit dem Lachen zu beschäftigen heißt, sich mit dem Geheimnis des Menschseins zu beschäftigen.
Alfred Kirchmayr

Das Lächeln ist eine der geheimnisvollsten Verbindungen zum Leben und zwischen Menschen. Dem Lächeln auf die Spur zu kommen und dessen Verzückung zu erfahren – davon handeln die folgenden Abschnitte.

Echtes, von innen herkommendes Lächeln hat etwas Geheimnisvolles an sich. Durch das Lachen und Lächeln verbirgt und erschließt ein Mensch seine Geheimnisse. Es geht um existenzielle Fragen von Geburt und Leben, Sterben und Tod. Lächeln enthält die Ambivalenz, die unserem Menschsein, die allem Sterblichen inhärent ist, und kündet die Transzendierung immer wieder an.

»Am liebsten würde ich lachend sterben«

Manche Dinge zerreißen uns das Herz. Sterben und Tod sind für die meisten Menschen schwere Themen, in denen Ungewissheit, Angst und Schrecken mitschwingen. Und da will jemand lachend sterben? Lachend? Lächelnd? Es ist Tiziano Terzani, der todkranke Asien-Korrespondent, der das kurz vor seinem Tod seinem Sohn erzählte. Und er fügte bei: »Sollte das sehr schwer oder gar unmöglich sein, lachen wir eben nicht ganz so lange.« Das habe er bei einem alten Weisen im Himalaya gelernt. Dort hat er das Loslassen geübt, das Überwinden der Angst, mit leeren Händen dazustehen, »denn eben dieses

Nichts wird letztlich deine Stütze sein«. Und er möchte an der Hand seiner Frau bis zum »Gate« gehen, »wenn das Bewusstsein sich ausdehnt«. Denn es sei so wunderbar, »ihre herrliche, lächelnde Gegenwart bis zum Schluss zu genießen«. Terzani geht noch weiter. In seiner letzten Verfügung zur Kremation schreibt er seiner Familie: »Ich danke euch – und hoffe, ihr könnt über alles herzlich lachen.«[49]

Terzani möchte lachend sterben. Er sagt das nicht leichthin. Er ist schwerkrank und leidet phasenweise furchtbare Schmerzen, in denen sein Körper seine ganze Aufmerksamkeit verlangt. In schmerzfreien Momenten spürt er, dass er ein Teil aller Lebewesen und Naturerscheinungen ist. Er ist die Wiese vor dem Haus, der Marienkäfer, er ist die Himalaya-Zeder. Er ist erfüllt von Unermesslichkeit. Lachen ist Ausatmen. Für ihn wird es bedeuten, das Leben auszuatmen.

Es ist derselbe Terzani, früher ein weltweit engagierter, couragierter Journalist, der nach einer dramatischen Fasttötung durch die Roten Khmer in Kambodscha erzählt: »Wenn jemand ein Gewehr auf dich richtet, lächle ihn an.« Er hat es damals gemacht. Die Roten Khmer hatten ihn an die Wand gestellt, um ihn als Amerikaner zu erschießen. Er erstarrte. Und er lachte, zog seinen italienischen Pass aus der Tasche und rief auf chinesisch: »Nein, ich bin Italiener. Italienischer Journalist!« Er überlebte. Eines seiner Lebensfazite lautet seither, dass es in höchster Not nur eines gibt, das Lächeln.[50]

Nun möchte er lachend sterben.

Lächeln in einer Extremsituation bedeutet das Schaffen einer Verbindung. Ausdrücken, dass man weiß, wer man ist. Wissen, wer man ist: Das ist Würde. Lächeln – weil man im Frieden ist mit sich und der Welt. Wissen, dass das letzte Hemd im Leben keine Taschen hat. Wissen um das Prekäre des Lebens. Das Leben als Geschenk begreifen. Nichts ist selbstverständlich.

Dem Lächeln folgen, in der Literatur, in Filmen, im Leben, jeden Tag: Das ist eine verheißungsvolle, lebendige Spur. Eine versöhnliche, dankbare Spur.

Das etruskische Lächeln

In der Villa Giulia in Rom gibt es einen etruskischen Sarkophag aus Terrakotta zu besichtigen. Die Etrusker haben die Verstorbenen als meist halb liegende Skulpturen geformt. Die »Sposi«, die Verheirateten beziehungsweise das Ehepaar, faszinieren durch das gleiche sanfte Lächeln auf den Gesichtern von Frau und Mann. Ein sanftes, geheimnisvolles, weises, rätselhaftes, heiteres und sinnliches Lächeln. Beide liegen auf ihren linken Ellenbogen, der Mann hinter der Frau, sie zärtlich umfangend. Ein Lächeln der Seligkeit verbindet sie über den Tod hinaus – und stimmt die Betrachterin, heiter, ja fröhlich. Hier ruht ein Paar, das wirklich gelebt hat, ist eine naheliegende Fantasie. Wenn man intensiv gelebt hat, dann kann man mit einem Lächeln auf den Lippen sterben. Es sind die Etrusker, die sich in ihrer Kunst und Grabkunst (800 bis 100 vor Christus) auf die Ausdrucksmittel der menschlichen Emotionen konzentriert haben. Nicht ästhetische Ideale, sondern Gefühle. Es muss eine heitere, lebensfrohe Kultur gewesen sein.

Sampedro hat in seinem Roman »Das etruskische Lächeln« von einem alten, todkranken Partisanen aus Kalabrien geschrieben, der fasziniert war von dem unbeschreiblichen Lächeln des Paares auf dem Sarkophag. Das Bild hat ihn ins Alter begleitet. Der Partisane lebte den Beweis des neugierigen, suchenden Lebens, des Sich-Einlassens auf neue Erfahrungen, selbst im Sterben. Und es wurde ihm vergönnt, mit einem etruskischen Lächeln zu sterben.[51]

Vielfältiges Lächeln

Das Lächeln des Buddha, vieler Engelsfiguren, der Sphinx und jenes berühmte von Mona Lisa, das Lächeln des etruskischen Paares: Jedes Lächeln ist geheimnisvoll und anrührend. Es strahlt Frieden aus und Freiheit von irdischen Plagen.

Das Lächeln eines genährten schlafenden Säuglings bedeutet Entspannung und Wohlgefühl. Kirchmayr weist darauf hin, dass das Lächeln beim Säugling von der Entspannung jener Muskeln begleitet ist, die beim Saugen beteiligt sind.[52]

Lächeln kann auch ambivalent, arrogant, hämisch, ironisch, anzüglich oder gemein und grausam sein. »Keep smiling« ist zuerst einmal ein Lächeln, das in vielen Berufen zur Dienstleistung gehört; es kann je nachdem herzlich, freundlich oder beispielsweise einfach gefällig sein. Der Varianten sind viele. Und dann gibt es noch das perfekte Lächeln, das uns die Zahnmedizin und -pflege empfehlen möchte.

Die Beantragung eines neuen Passes erfordert ein neutrales Foto. Auf dem Foto darf nicht gelächelt werden. Offenbar ist Lächeln zum Erkennen einer Person nicht wichtig, sondern störend. Das scheint befremdlich, weil doch die meisten Menschen ihr Lächeln als charakteristisch erleben; nur sie lächeln auf eben diese Art und Weise.

Wie erwähnt kann Lächeln auch ambivalent sein: Soll ich oder soll ich nicht? Ein Synonym wäre das halbherzige Lächeln; es ist nur das halbe Herz daran beteiligt.

Erinnern wir uns an Terzanis Schilderung der Begegnung mit den Roten Khmer. Eine ähnliche Szene schildert David Goleman ganz zu Beginn seines Buches »Soziale Intelligenz«: Im zweiten Irak-Krieg gab es ein gefährliches Missverständnis mit handgreiflichen Auseinandersetzungen zwischen amerikanischen Soldaten, die Hilfsgüter verteilen sollten, und den Moslems, die einen Angriff auf Moschee und religiöses Oberhaupt fürchteten. Der befehlshabende amerikanische Offizier griff zum Megafon und gab seinen Soldaten den Befehl »Aufs Knie«, das heißt mit einem Bein hinzuknien. Dann befahl er, die Mündung der Waffe auf den Boden zu richten. Der dritte Befehl lautete: »Lächeln!«

Das waren die wirksamen drei Befehle in einer hochkomplexen, lebensgefährlichen Situation, die auch hätte ausarten können. Die kulturellen, sozialen und kriegsbedingten Barrieren waren hoch, und der Grad an Feindseligkeit beträchtlich. Das Lächeln wurde von den Moslems verstanden und erwidert.

Rainer Maria Rilke betrachtete im Jardin du Luxembourg ein Karussell, das sich mit Pferden, einem Löwen und einem weißen Elefanten im Kreis drehte. Die Kinder saßen auf den Karussell-Tieren und schauten manchmal auf, irgendwohin, herüber:

Das Karussell

Und das geht hin und eilt sich, dass es endet,
und kreist und dreht sich nur und hat kein Ziel.
Ein Rot, ein Grün, ein Grau vorbeigesendet,
ein kleines, kaum begonnenes Profil.
Und manchesmal ein Lächeln, hergewendet,
ein seliges, das blendet und verschwendet
an dieses atemlose blinde Spiel.

Vielfältiges Lächeln. So viele Ausprägungen. Das ganze Leben ist in dieser Vielfalt enthalten. Und immer weist Lächeln etwas Entwaffnendes auf. Ent-waffnen, die Waffen strecken, auf den Boden richten – das ist noch nicht Friede, aber es ist eine Vorstufe davon.

Oder wie unser Buchmotto zu Beginn ausdrückt: Wenn wir friedvoll sind, wenn wir lächeln, dann ist das die Grundlage der Friedensarbeit. Friede ist ein täglicher Prozess.

Lachen ist die beste Medizin

Ein sichtbarer Unterschied zwischen Lächeln und Lachen ist die Beteiligung des Körpers. Das Lächeln ist auf das Gesicht beschränkt, selbst wenn es die lächelnde Person umfassender erlebt. Lächeln verändert das Ein- und Ausatmen nicht. Beim Lachen hingegen ist der ganze Körper beteiligt, und es ist von tiefem, zuweilen ruckweisem, zuweilen stockendem Atmen begleitet. Lachen ist vor allem Ausatmen, sich schütteln, laut werden, und vielleicht laufen einem vor Lachen die Tränen herunter. Das Lachen sieht aus wie der Nachhall eines Kampfes gegen einen inneren Gegner oder Feind, gegen das Gewissen, starke Hemmungen, Verbote, tierischen Ernst, Tabus.

Durch das Lachen kommt das Zwerchfell ins Schwingen und der ganze Bauch bewegt sich vergnüglich. Das Lachen kann aber auch im Hals stecken bleiben.

Lachen erfolgt aufgrund von Erleichterung, zur Freude, zur Entspannung, aus Schadenfreude, aus Überlegenheit, aus Schalk, zur Erheiterung, aus Verlegenheit, aus Scham. Lachen kann grundlos sein wie beispielsweise im Lach-Yoga. Dort erfahren wir, wie ansteckend Lachen sein kann und wie befreiend, entspannend und beglückend es ist, in einer Gruppe von lachenden Menschen mitzulachen, ohne Grund. Lachen hat eine sofort spürbar wohltuende Wirkung auf Körper und Geist, regt das Immunsystem an, vertieft die Atmung, stärkt Herz und Kreislauf und aktiviert Glückshormone.

Lachen ist gesund. Lachen tut gut. Lachen entspannt und verbindet. Heute werden Lach-Gruppen, Lach-Wochenenden, wird Lach-Yoga angeboten. Das ist einerseits erfreulich, dass eine Nachfrage nach Lachen besteht. Anderseits stimmt es in der heutigen Zeit nachdenklich, dass Menschen in organisierten, bezahlten Gruppen grundlos lachen lernen – so doch Lachen als das scheinbar Natürlichste erscheint.

Lächeln entwaffnet – ent-waffnet; jemand gibt die Anstrengung des Böseseins auf und streckt die Waffen. Ist es so einfach?

Versuchen wir der Frage mit einem Exkurs über den Humor beizukommen. Humor kann beides sein: böse und entwaffnend.

Humor ist, wenn man trotzdem lacht

Herr, schenke mir Sinn für Humor,
gib mir die Gnade, einen Scherz zu verstehen,
damit ich ein wenig Glück kenne im Leben
und anderen davon mitteile.
Thomas Morus

Humor ist eine bestimmte Haltung zu sich selbst und zu der
Welt. Es ist eine Mischung aus Selbstironie und souveräner
Resignation. Zwänge werden als solche erkannt, gleichzeitig
erhebt man sich über die Nöte des Lebens. Humor ist eine
Möglichkeit, in Situationen, in denen man unterlegen ist,
Überblick und Überlegenheit darzustellen. Nicht umsonst
spricht man von Galgenhumor.

Der Historiker Hugo Rahner bezeichnet den Humor als
Ernstheiterkeit. Humor als ambivalente Ausprägung. Echter
Humor entsteht nach Rahner aus der Integration der Gegen-
sätze, die unser Leben ausmachen: Ernst und Heiterkeit,
Weisheit und Torheit, Kindlichkeit und Erwachsensein, Tra-
gik und Komik, Glück und Unglück, Lachen und Weinen,
Leben und Tod. Die Vereinigung dieser Gegensätze ergibt
den gelösten Humor und das Lächeln noch unter Tränen.[53]

Humor hat viele Varianten und – wie das Lachen – auch
seine weniger schönen Seiten. Humor kann scherzhaft sein,
ironisch, witzelnd, höhnisch, neckend, fröhlich und wahrscheinlich noch viel mehr. Er kann sich in Gedanken, in Worten, körperlich, im Blick und in der Gestik zeigen.

Humor kann verletzen, wenn er hinterhältig, abwertend
gehässig und unsensibel angewendet wird. Oder die Situation
ist nicht stimmig. Oder die Empfängerin hat gar keinen Humor, wie man so schön im Volksmund sagt. Oder es ist Galgenhumor und damit kein Humor, sondern Verzweiflung.

In passenden Situationen kann sich Humor als spielerisch
kreierte, erheiternde und witzige Art, Widerwärtigkeiten und
Widersprüche aufzulösen, manifestieren. Kinder retten sich
mit Heiterkeit, Spott, Witzeln, Necken, Quatsch und Strei-

chen durch die Schulzeit. Sie suchen dadurch Zuwendung, Zugehörigkeit, Anerkennung und reduzieren Stress und Langeweile. Und sie testen und entwickeln ihr Humorpotenzial.

Lass dich aus der Rolle fallen,
damit du aus der Falle rollst.
Unbekannt

Wie in allen Lebensbereichen gibt es auch beim Humor neben den gemeinsamen auch geschlechtstypische Unterschiede. Mädchen bevorzugen im Humorverhalten Necken und Streiche, Jungen Witzeln und Quatsch. Bei Letzteren überwiegt die Selbstinszenierung, bei Mädchen das Beziehungsinteresse. In gemischten Gruppen gibt es die meisten Probleme beim Einsatz von Humor, weil der Humor von beiden Geschlechtern unterschiedlich verstanden wird beziehungsweise Mädchen und Jungen unterschiedlich sozialisiert worden sind. Mag sein, dass die Unterschiede sich zunehmend verringern in einer Zeit, wo die Geschlechtsunterschiede nicht mehr so ausgeprägt sind wie früher.

Das Lachen des Humors bedeutet befreiende Lebenskunst und große Weisheit. Es integriert Gegensätze und heilt Zerrissenheiten. Es relativiert Starrheit und Sturheit, Verkrampftheit, Verbissenheit und Rechthaberei. Machthaber haben Humor und Lachen nicht gern. Beispielsweise haben Augustinus und andere mittelalterliche Kirchenlehrer das Lachen dämonisiert und eine Theologie der Tränen und der Schmerzen geschaffen. Es gibt bis heute eine große Diskrepanz zwischen dem lächelnden Buddha und dem schmerzvollen Gesicht des Gottessohnes.

Lächeln erzeugt Kohärenz, Wohlgefühl, Gelassenheit und Einverständnis mit dem Hier und Jetzt. Im symbolischen Sinn können wir von Herzkohärenz sprechen. Herzkohärenz hat zusätzlich einen anderen, durchaus verwandten Sinn.

Herzkohärenz

Laut aktueller Forschungen führen Wohlbefinden, Mitgefühl, Liebe und Dankbarkeit zu Herzkohärenz im Sinne eines regelmäßigen Herzschlags und einer entspannten Atmung. Ebenso wirkt ein herz-haftes Lachen. Lachen ist gesund. Herz und Hirn beeinflussen sich gegenseitig. Der sympathische Teil des Nervensystems beschleunigt den Herzschlag und aktiviert das emotionale Gehirn. Der parasympathische Teil wirkt in Herz und Hirn zur Entschleunigung. Um die Kurven des Lebens gut zu nehmen, braucht es ein Gas- und ein Bremspedal, Sympathikus und Parasympathikus.

Das Gegenteil der Kohärenz ist das Chaos, starke Pulsschwankungen und Nervosität – hervorgerufen durch Zorn, Angst, Traurigkeit und bereits auch durch alltägliche Sorgen und Grübeleien. Herzkohärenz beeinflusst Blutdruck und Atmung. Und da wir die Atmung steuern können, wird es bei einiger Übung auch möglich, durch die Atmung sowohl die Funktionen des Herzens als auch die des Hirns im günstigen Sinn zu beeinflussen. Im Seelischen und im Physiologischen ist es dasselbe: Wenn wir Zugang zu und einen Umgang mit unserer Innenwelt haben, dann kann von außen her nichts mehr massive Auswirkungen auf uns haben. Wir haben von innen her etwas anzubieten, seelisch und körperlich. Wir sind innerlich in Frieden. Dann kann das Lächeln von innen her kommen.

Übung zur Herzkohärenz

I. Als Einstimmung lenken wir die Aufmerksamkeit nach innen, indem wir langsam einatmen/Pause/ausatmen/Pause/ einatmen/Pause/ausatmen. Die Lippen sind leicht geöffnet.

II. Jetzt lenken wir die Aufmerksamkeit auf die Herzregion. Wir atmen durchs Herz beziehungsweise die Herzregion langsam ein und aus. Das Einatmen bringt dem Herz Sauerstoff, und beim Ausatmen befreien wir uns von Abfallstoffen.
So reinigen, erfrischen und beruhigen wir unser Herz.

III: Wir stellen uns vor, wie unser Herz wie ein kleines Kind in der Badewanne herumplanscht – oder in einem erfrischenden Bächlein liegt. Es ist voller Vergnügen und Fröhlichkeit.

IV. In unserer Herzregion machen sich Gefühle von Wärme und Ausdehnung breit. Wir atmen ruhig und langsam weiter und nehmen diese Wärme und Weite wahr.

V. Unser Herz schlägt ohne unser Zutun. Der Atem geht ein und aus, ohne Anstrengung. Ein Gefühl von großer Dankbarkeit nimmt Raum ein in unserer Herzregion. Wir sind uns des Geschenks des Lebens bewusst. Unser Gehirn, unsere Seele und unser Körper nehmen Raum und Wärme und Liebe wahr.[54]

Wir lächeln.
Du lächelst.
Das ist Herzkohärenz.

Der Raum, der bei Herzkohärenz entsteht, ist eine Chance für uns, zu deren Entwicklung wir etwas beitragen können. Raum im Herzen – im physiologischen und symbolischen Sinn: Wir entwickeln uns und wachsen – uns selbst und anderen entgegen.

Wir fühlen uns lebendig in unserem Körper und frisch in unserem Geist. Das verankert uns im Hier und Jetzt. Jenseits von Bewertungen von gut und schlecht oder schön und hässlich. Jenseits davon, ob die Sonne scheint oder uns der Nachbar ärgert. Alles darf so vergänglich und unvollkommen sein, wie es eben ist. Und es ist gut und friedlich so.

Wie können wir Humor und Herzkohärenz miteinander verbinden?

Im Spiel. In der Kunst. In der Liebe. Spiel als Übergangsraum zwischen Realität und Fantasie. Dasselbe gilt für den Humor als auch für die Herzkohärenz. Spiel heißt Kreativität. Spiel heißt zum Tanzen bringen: Metaphern, Bilder, Imaginationen, Rollen, Gewohnheiten.

In Sigmund Freuds Werk zum Witz und seiner Beziehung zum Unbewussten erfahren wir, dass die Lust am Witz, die Lust am Unsinn und am Lachen den erwachsenen Menschen wehmütig und vernunftmäßig zu den Spielen der Kindheit zurückführt.

Wollen wir das so glauben?

Indem der Witz einen Sachverhalt so schildert, dass nach der ersten, noch nicht vollendeten Darstellung der Sachverhalt unerwartet eine ganz andere Bedeutung bekommt, spielt er mit Ambivalenz – und das befreiende, solidarisierende Lachen in der Gruppe stellt wieder Kohärenz her. Der plötzliche Positionswechsel von der Beklemmung zum Lachen ist mindestens zwei-, wenn nicht mehrdeutig. So werden Bevölkerungsgruppen, Autoritäten, typische Milieus und Tabus, um einige Beispiele zu nennen, mittels Witzen belacht. Manchmal ist es lustig und manchmal nicht. Und wie alles sich wandelt, so wandeln sich auch die Witze.

Freud verweist auch auf die Witze, die die Erwachsenen an eine Stimmung der Kindheit erinnern, in der ein Kind des Witzes noch nicht bewusst fähig war und den Humor nicht brauchte, um glücklich zu sein und zu lachen. Es sind die Erwachsenen, die lachen.

Die 4-jährige Eve begrüßt strahlend ihre Tante Irma: Schön, dass du gekommen bist. Heute früh hat Papi gesagt: Tante Irma fehlt uns gerade noch.

Die Oma liest ihrem Enkel mit großer Begeisterung eine Geschichte vor. Nach einer Viertelstunde meint der Enkel: Oma, bitte lies leiser. Ich möchte schlafen.

Missverständnis? Peinlichkeit? Ehrlichkeit? Im Märchen »Des Kaisers neue Kleider« ist es auch ein Kind, das – während die Erwachsenen die neue Kleidung des Kaisers bewundern – darauf aufmerksam macht, dass der Kaiser nackt ist. Der Kaiser ist nackt. Die pragmatische Beobachtung und Kombinationsgabe von Kindern entlarvt oft die Gedankenlosigkeit und Negativität von Erwachsenen.

Humor der Erwachsenen ist, wenn man trotzdem lacht und sich mit seinem Leiden oder seinem Verhängnis nicht identifiziert. Dann bleibt ein Spiel-Raum zum eigenen Tun und Lassen.

Was ich anlächle – was mich anlächelt

Was machen wir, wenn wir unseren Wünschen ein Lächeln schenken? Wir nehmen Verbindung mit ihnen auf, nehmen sie wahr und merken vielleicht, dass wir sie gar nicht brauchen. Oder wir merken, dass wir sie vorläufig noch behalten möchten. Es ist gut, wie es ist. Wir sind versöhnlich gestimmt. Wir möchten unserer Liebenswürdigkeit Ausdruck geben. Vielleicht spielen auch Dankbarkeit mit, Erleichterung und Einverständnis. Ein Lächeln macht uns weich und leicht. Wir sind, jetzt.

Das Lächeln beginnt im Alltag und bei Kleinigkeiten. Dort lässt es sich üben, jeden neuen Tag. Wir können uns vornehmen, nur die Dinge zu tun, die uns anlächeln. Ich bin fasziniert von diesem Gedanken und versuche mich seit Jahren darin, darauf zu achten. Lächelt es mich an, diesen Besuch zu machen, diese Fernsehsendung anzugucken, an diese Einladung zu gehen, an meinem Text weiterzuschreiben? Lächeln mich diese Möglichkeiten an?

Oder tue ich es aus Gewohnheit, aus Fantasielosigkeit oder um eine innere Leere und Langeweile nicht zu spüren? Wie vieles geschieht doch aus Pflichtbewusstsein. Aus oberflächlicher Gedankenlosigkeit: aus Gier, die aus einer Leere kommt. Aus Routine. Aus innerem oder äußerem Zwang.

Natürlich haben wir unsere alltäglichen Verpflichtungen und Zwänge. Wir haben eine Arbeit, die wir vielleicht sogar gern machen. Wir haben vielleicht Kinder und einen Partner, einen Haushalt, einen Hund. Wir haben einen leidenden Freund, einen alten demenzkranken Vater, eine neidische Nachbarin, ein Problem mit dem eigenen Gewicht, Rückenschmerzen, finanzielle Engpässe und vieles mehr, worum wir uns zu kümmern haben.

Vielleicht halten wir einen Moment inne, bevor wir uns verbissen in die nächste Pflicht stürzen. Wir lassen zwischen dem Krankenbesuch oder der Haushaltsarbeit und uns Raum entstehen.

Wir versuchen eine unsichtbare Verbindung zu schaffen. Wir üben ein ganz kleines Lächeln und beobachten uns dabei selbst.

Wir erkennen, dass dann, wenn wir etwas als nicht genehm, als schlecht oder böse werten, in uns eine emotionale Verhärtung entsteht. Diese Verhärtung versperrt uns den Zugang zu unserer Lebenskraft. Wenn wir nicht bewerten und uns nicht verhärten, steht uns eben diese Lebenskraft zur eigenen Verfügung bereit. Alles, was schwierig erscheint und was wir mit offenem Herzen angehen, bringt uns weiter. Mit Hindernissen wohlwollend umzugehen ist ein wesentlicher Teil von Friedensarbeit. Oder wie Morihei Ueshiba, der Begründer der japanischen Kampfkunst Aikido, sagt: The Art of Peace, die Kunst des Friedens. Die Kunst des Friedens beginnt bei jedem von uns im innerlichen Gewahrwerden. Sie beginnt auch dann, wenn wir eine Person achtsam anlächeln.

Vielleicht lächelt uns der Haushalt auf einmal zu: als Pflicht, die zu einem Vergnügen werden kann. Im buddhistischen Sinn kommt es weniger darauf an, was man tut, sondern in welcher Haltung man es tut.

> *Ich schlief und träumte, das Leben wäre Freude.*
> *Ich wachte auf, und das Leben war Pflicht.*
> *Ich handelte, und siehe, die Pflicht wurde zur*
> *Freude.*
> Tagore

Das Lächeln der Dinge wahrzunehmen ist mehr und anders, als eine Lust dazu zu verspüren. Es liegt etwas Liebevolles,

Achtsames und Zartes drin. Es stimmt uns versöhnlich und dankbar. Es schafft eine Verbindung.

Es ist also beides: Wir lächeln unsere Pflichten und Wünsche an, und wir lassen uns von Menschen und Verlockungen und Pflichten anlächeln. Jeden Tag mindestens einmal, das gibt dem Jetzt, dem Regelmäßigen und dem Dranbleiben seinen Sinn.

Ich bin am Schreiben. Will ich? Muss ich? Es ist etwas anderes, wenn es mich heute, jetzt, anlächelt, weiterzuschreiben. Ich habe meinem Impuls, dass ich weiterschreiben »sollte«, »müsste«, »könnte« ein Innehalten gewährt. Will ich das wirklich? Kann ich es? Gibt es nicht schon so viele Bücher? Ich lächle meinen Wunsch an, weich, liebenswert, anerkennend, leicht. Ich versuche es immer wieder neu, weil es mir Freude macht. Ich habe erkannt, dass ich nur dann kreativ und echt bin, wenn mich etwas anlächelt, wenn ich mich frei fühle, Ja oder Nein zu sagen. Zwischendurch gibt es Arbeitsphasen, die sich wie Verpflichtung anfühlen. Wer A sagt, muss auch B sagen. Konsequenz und Pflichtbewusstsein. *Ich handelte, und siehe, die Pflicht wurde zur Freude.* Das ist immer wieder neu erfahrbar. Es ist ein Geschenk. Es ist ein Dank für Hingabe und Engagement für ein Anliegen, das einem wichtig ist.

Verliebte Menschen gehen mit einem selbstvergessenen und seligen Lächeln durch die Tage. Alles scheint ganz einfach. Vieles, was einem sonst die Tage vergällt, spielt keine Rolle mehr. Aber niemand läuft ein Leben lang mit dem verliebten Lächeln herum, es sei denn, es ist ein Lächeln, dass wir von innen heraus uns selbst und dem anderen schenken. Es geschieht nicht von selbst. Liebevolle Hingabe – bei uns selbst können wir sie immer wieder üben und uns mehr und mehr vor den unvermeidlichen Enttäuschungen schützen. Immer wieder.

Es gibt Situationen im Leben, wo wir im tiefsten Kern unserer selbst, im Wesenskern, erschüttert werden: bei schwerwiegenden Verlusten, bei Krankheit und Tod uns naher Menschen oder wenn wir selbst krank werden. Wenn wir etwas nicht erreichen, auf das wir sicher gesetzt haben. Bei Enttäuschungen, die uns das ganze Leben als Täuschung erscheinen lassen.

Bei solchen tiefen Rissen und Furchen in unserem Leben und in unserem Wesenskern mag es schwierig sein, im Fluss des Lebens zu bleiben. Wir brauchen Hilfe, wir möchten von uns erzählen und möchten angehört werden. Unter Umständen sind fachliche Begleitung und Hilfe zur Selbsthilfe angesagt. Niemand und nichts – außer unserem Stolz – zwingt uns, Schicksalsschläge allein bewältigen zu müssen. Es steht viel auf dem Spiel. Schicksalsschläge sind eine Wachstums- und Reifungschance, die uns das Leben vermittelt. Und wir bleiben im Fluss, wenn wir das anerkennen.

Auch wenn wir bis in unseren Wesenskern erschüttert sind, geht es um ein neues Sich-Einpassen in das, was uns zugestoßen ist und zustößt. Es geht um ein Integrieren des Geschehenen, uns Zugestoßenen, in unser Leben. Wir haben etwas Schlimmes erlebt. Wir sind nicht mehr dieselbe Person wie zuvor. Das Jetzt – es ist alles anders geworden – erfordert unser Mittun. Das Schlimme gehört fortan zu uns, ist Teil von uns und unserem Leben geworden. Und damit haben wir uns auch neu ins Leben einzufügen. Da kann für lange Zeit ein Lächeln illusorisch erscheinen. Dann braucht es das Lächeln zu den ganz kleinen Wundern, die uns das tägliche Leben schenkt: die Blume am Wegrand, der blaue Himmel, der erfrischende Regen, der geheimnisvolle Nebel, das plätschernde Bächlein, ein Vogel, der singt, und das Lächeln der Kioskfrau. Wir leben. Das Leben erscheint uns zuweilen als eine Zumutung. Es ist immer ein Geschenk.

Jedes Lächeln, das wir aussenden, kommt zurück. Manchmal ist es ein anderer Mensch, der uns zulächelt. Und so geht es immer weiter. Das Lächeln wandert um die Welt.

Tun, was dich anlächelt, bedeutet, man selbst zu sein. Identisch zu sein mit den eigenen Wünschen, Bedürfnissen und Fähigkeiten. Lächeln überwindet die Ambivalenz immer wieder. Es bedeutet Kreativität als Erschaffung des Dritten, als Triangulierung.

Beschreiben wir im Folgenden den Dreischritt. Wie es Hegel einmal beschrieben hat: These, Antithese und Synthese.

I. Wir nehmen die Ambivalenzen wahr, in denen wir uns zum einen als zeitgenössische Menschen und zum anderen aufgrund unserer Biografie und unserer Prägungen befinden.

Wir nehmen weiter bei uns wahr, dass die Ambivalenz als Qual erlebt werden kann, als Gezerre von Gefühlen.

Wir sind viele. Wir sind uns unserer inneren kindlichen Anteile bewusst, die manchmal im Streit liegen, traurig sind und unseres Trostes bedürfen. Wir sind der Regisseur unseres inneren Theaters.

II. Ambivalenz kann auch Fülle bedeuten – zur Fülle haben wir uns zu entscheiden. Fülle bedeutet Erlebens- und Wahlmöglichkeiten, bedeutet Vielfalt und Gestaltungsmöglichkeiten.

Bestimmte Lebensphasen sind geeigneter dafür, neugierig zu sein, Neues zu entdecken, das für die Gegenwart und Zukunft gilt und gleichzeitig das Bild der Vergangenheit verändert. Freud spricht von Erweckungszeiten. Sie werden ausgelöst durch Übergänge und Schwellensituationen, durch einschneidende Erlebnisse, Krisen, spirituelle Erfahrungen, durch eine Therapie.

III. Tu, was dich anlächelt. Das bedeutet die Vielfältigkeit, sich wohlwollend und nachsichtig zu verbinden: mit sich selbst, mit anderen Menschen, mit Tätigkeiten, mit der Natur, mit der Kunst.

Tu, was dich anlächelt. Im Alltagsleben, in der tatsächlichen Begegnung mit anderen Menschen und der Welt können wir erfahren, wie uns der Geist des Lächelns erfüllt. Wir bewahren auch in schwierigen Situationen die Bewusstheit unseres Atems und üben uns im Lächeln. Die Art unseres Tuns wird uns und allen zugute kommen.

Im Erkennen der wechselseitigen Abhängigkeit aller Menschen und Dinge können wir unseren eigenen Frieden fördern und damit am großen Frieden mitbauen. In Bescheidenheit. In Demut. Die Vision des Zusammengehörens ist wichtig. Wir sind miteinander verbunden und können die Wirklichkeit nicht zerteilen.

Lächeln ist Friedensarbeit. Wenn wir Frieden schaffen wollen, dann haben wir friedvolle Mittel anzuwenden. Das Lächeln ist eines davon.

Einladung: Lächeln und Achtsamkeit V
Wir sind unser Jetzt – wir sind unser Friede

Wir sind unser Lächeln.
Wir sind unsere Achtsamkeit.
Wir sind unsere Gedanken. Wir sind unsere Worte. Wir sind
unsere Handlungen.
Lächeln ist eine sanfte Form von Achtsamkeit.

⌒

Wir sind unser Jetzt.
Dazu gehören Ohnmacht, Angst, Streit, Unfriede, innere
Verschmutzung.
Es ist gut, um die eigenen dunklen Seiten zu wissen und sich
darum zu kümmern.

Wer denn sonst soll sich darum kümmern?

Welches sind deine dunklen Seiten?
Kümmerst du dich um sie?
Vermagst du sie anzulächeln – vielleicht nicht im ersten
Anlauf –

jedoch im täglichen Bemühen.
Sie werden es dir danken.

～

Ich lächle meine dunklen Seiten, meine zeitweilige
Ohnmacht an.
Ich nehme eine liebevolle, wohlwollende Verbindung auf.

Wenn wir uns selbst annehmen, können wir uns verändern.
Wenn wir die dunklen Seiten annehmen, können wir sie
verwandeln.

Wenn wir unsere Ohnmacht, unsere Kleinheit, annehmen,
dann können wir uns verändern.
Dann kommen wir aus der Opferhaltung heraus.

～

Friede.
Hat Friede für dich eine Farbe?
Eine Form?
Einen Geruch?
Eine Textur?
Imaginiere deinen Frieden mit dir selbst.

～

Friede – was ist das?
Friede als Abwesenheit von Kampf und Krieg? Friede ist
mehr. Friede ist eine neue Struktur des Fühlens, Denkens und
Handelns.
Friede meint den täglichen Versuch, mit sich und anderen
achtsam und lächelnd umzugehen.

～

*Was du nicht willst, das man dir tut, das füg auch keinem
anderen zu.
Was du dir ersehnst und erhoffst, das schenke auch dir selbst
und den anderen.*

<hr/>

*Was passiert bei Unfriede? Wir sind ruhelos, aufgebracht,
aufgewühlt, hassbereit, gierig, neidisch und verblendet.
Daraus entsteht im kollektiven Verband Krieg.*

*Wo können wir individuell ansetzen, um zu Frieden zu
gelangen?
Friede im Herzen. Innerer Friede als heilsamer Zustand von
Ruhe und Stille.
Freundlichkeit und Wertschätzung verbreiten.
Allem mit einem inneren Lächeln begegnen.*

*Herz und Verstand im Dienste des Friedens einsetzen.
Freundlichkeit und Mitgefühl üben.
Achtsamkeit und Herzlichkeit beachten.
Dankbarkeit und Versöhnlichkeit immer wieder bewusst
leben.
Lächeln.*

<hr/>

*Ich lebe in dieser Welt und versuche jeden Tag das mir
Bestmögliche zu machen
– von meinem Ort aus
– von meinen Fähigkeiten und Möglichkeiten her. Jetzt.
I do my best.
Mehr ist nicht möglich.*

<hr/>

Epilog

»Nimm irgendeine Lebenssituation:
Wie würdest du dich fühlen,
wenn du sie voll und ganz so akzeptiertest,
wie sie ist –
jetzt in diesem Moment?«[55]

Dank

Mit einem Lächeln danke ich allen lebenden und verstorbenen Menschen, die mich dazu inspirieren und ermutigen, auch nach Tiefschlägen wieder an das Gute im Menschen zu glauben. Ich danke guten Menschen und guten Geistern, die mir beistehen, Worte zu finden, die das Leben lebens- und feiernswert machen.

Dank an dich!

Es sind wie immer viele Erfahrungen und Beispiele aus meinem persönlichen und beruflichen Leben in dieses Buch eingeflossen. Ich bin jeder Frau, jedem Mann und jedem Kind dankbar, dass ich von ihrer Lebenserfahrung lernen durfte. Die einen kenne ich von nahe, mit den anderen habe ich intensiv zusammengearbeitet und zusammengelebt, und weitere kenne ich durch Lektüre, Erzählungen, Musik und Filme. Alle haben sie mich berührt, sind sie mir nahegekommen und wertvoll geworden. Ihnen allen gehört mein großer Dank. Ich möchte dabei Luise Reddemann und Thich Nhat Hanh besonders erwähnen. Nicht zuletzt durch sie beide habe ich den großen Wert von Imaginationen entdeckt und ist mir die Großartigkeit der Natur als Lehrmeisterin zutiefst bewusst geworden. Welches Glück, dass wir Teil der Natur und des Universums sind!

Zum großen Danke gehören mein Lebensgefährte und meine wunderbaren Kinder, meine lieben Freundinnen und Freunde, meine Geschwister und alle die Mitmenschen auf der ganzen Welt, mit denen ich mich täglich verbunden fühle.

Es sind vor allem Geri Pfister, Ruth Schweingruber, Veronika Stefanini, Beatrice Stoffel, Adriano Vasella, Anette Voigt und Monica Widmer, die intensiv mit mir diskutiert, frühere Fassungen durchgelesen und mir wertvolle Rückmeldungen gegeben haben. Ich habe ihre Ideen, Inspirationen und Bedenken äußerst dankbar entgegengenommen. Es ist immer der heikelste und aufregendste Moment, wenn ich ein Manuskript zum ersten Mal zur Lektüre freigebe.

Mit allen diesen und vielen anderen Menschen, die mich beim Schreiben begleitet haben, kann ich viel und laut lachen – oder aber ihnen still und friedlich zulächeln.

Ich danke meiner Lektorin Imke Rötger, die mich vor zwei Jahren wieder zum Schreiben verführt und zum Herder/ Kreuz Verlag eingeladen hat. Ich habe es außerordentlich geschätzt, in großer Freiheit meinen Themen nachgehen zu können.

Literatur

Andersch, Alfred (1969): Hohe Breitengrade oder Nachrichten von der Grenze. Diogenes, Zürich.

Brach, Tara (2004): Radical Acceptance. Embracing Your Life. Bantam, New York.

Byron, Katie; Mitchell Stephen (2007): Eintausend Namen für Freude. Leben in Harmonie mit dem Tao. Goldmann, München.

Brousson, Myriam (2007): Votre corps a une mémoire. Arthème Fyard, Paris.

Chödron, Pema (2004): Die Weisheit der Ausweglosigkeit. Arbor, Freiamt/Schwarzwald.

Delius, Friedrich Christian (2009): Die Frau, für die ich den Computer erfand. Rowohlt, Berlin.

Dickinson, Emily (2006): Gedichte. Hg. von Gunhild Kübler. Hanser, München.

Domin, Hilde (1987): Gesammelte Gedichte. Fischer, Frankfurt am Main.

Ekman, Paul (2006): Mehrfach zitiert in Goleman (2003), 119–156.

Fragnière, Jean-Pierre (2010) : Solidarités entre les Générations. Réalités Sociales, Lausanne.

Freud, Sigmund (1982): Der Witz und seine Beziehung zum Unbewussten. In: Studienausgabe des Gesamtwerks. Fischer, Frankfurt am Main.

Gambaroff, Marina (1990): Sag mir, wie sehr du mich liebst. Rowohlt, Reinbek.

Geiger, Arno (2011): Der alte König in seinem Exil. Hanser, München.

Gibran, Khalil (1984): Der Prophet. Walter, Freiburg.

Goleman, David (2006): Soziale Intelligenz. Wer auf andere zugehen kann, hat mehr vom Leben. Droemer, München.

Goleman, Daniel; Dalai Lama (2003): Destructive Emotions And How We Can Overcome Them. Random, London.

Grieser, Jürgen (2011): Die Architektur des psychischen Raumes. Die Funktion des Dritten. Psychosozial-Verlag, Gießen.

Herrera, Hayden (1983): Frida Kahlo. Malerin der Schmerzen. Rebelin gegen das Unabänderliche.

Holmes, Tom (2007): Reisen in die Innenwelt. Der Selbsterfahrungs-Guide in Bildern. Kösel, München.

Hüther, Gerald (2011): Was wir sind und was wir sein könnten. Ein neuro-biologischer Mutmacher. Fischer, Frankfurt am Main.

Jellouschek, Hans (2006): Ich liebe dich, weil ich dich brauche. Der Froschkönig, Kreuz, Stuttgart.

Jellouschek, Hans (2011): Von der Liebe ergriffen. Paare und Spiritualität. Präsenz, Hünfelden.

Kallwass, Angelika: Zwei bei Kallwass. Tägliche TV-Psychologie-Sendung (seit Oktober 2010).

Kast, Verena (2002): Freude, Inspiration, Hoffnung. DTV, München.

Kabat-Zinn, Jon (1998): Im Alltag Ruhe finden. Das umfassende Meditationsprogramm (Wherever You Go, There You Are). Herder, Freiburg.

Kabat-Zinn, Jon (2011): Gesund durch Meditation. Das große Buch der Selbstheilung. Knaur, München.

Kirchmayr, Alfred (2009): Rettet die Purzelbäume. Kinderwitz und Lebenskunst. Edition VA BENE, Wien.

Ley, Katharina; Borer, Christine (1992): Und sie paaren sich wieder. Über Fortsetzungsfamilien. edition discord, Tübingen.

Ley, Katharina (1995): Wenn sich eine neue Familie findet – Ressourcen und Konflikte in Patchwork- und Fortsetzungsfamilien. In: Prax. Kinderpsychol. Kinderpsychiat., 54:802–816 (2005), Vandenhoeck & Ruprecht, Göttingen.

Ley, Katharina (2001): Geschwisterbande. Liebe, Hass und Solidarität. Walter bei Patmos, Düsseldorf. 2. Auflage 2007. Kreuz, Stuttgart.

Ley, Katharina; Karrer, Cristina (2004): Überlebenskünstlerinnen. Frauen in Südafrika. eFeF, Wettingen, Schweiz.

Ley, Katharina (2005): Versöhnung leben – Versöhnung lernen. Wie innere Freiheit entsteht. Patmos, Düsseldorf.

Ley, Katharina (2007): Komm zu dir, dann kommst du weiter. Es ist nie zu spät, sich selbst zu lieben. Herder spektrum, Freiburg.

Ley, Katharina (2008): Die Kunst des guten Beendens. Wie große Veränderungen gelingen. Kreuz, Stuttgart.

Ley, Katharina (2011): Die Liebe ist größer als das Paar. In: Jellouschek, Hans, Hg. (2011): Von der Liebe ergriffen. Präsenz, Hünfelden.

Lüscher, Kurt; Liegle, Ludwig (2003): Generationenbeziehungen in Familie und Gesellschaft. UVK Verlag, Konstanz.

Lüscher, Kurt (2011): Über Ambivalenz. In: Forum der Psychoanalyse, Bd. 27, Heft 4, Dezember 2011, 323–327, 373–393. Springer, Heidelberg.

McDougall, Joyce (1988): Theater der Seele. Illusion und Wahrheit auf der Bühne der Psychoanalyse. Verlag Int. Psychoanalyse, München/Wien.

Pessoa, Fernando (1986): Das Buch der Unruhe. Ammann, Zürich.

Pessoa, Fernando (1991): Alvaro de Campos. Gedichte. Fischer, Frankfurt am Main.

Pessoa, Fernando (1995): Briefe an die Braut. Ammann, Zürich.

Reddemann, Luise (2001): Imagination als heilsame Kraft. Pfeiffer bei Klett-Cotta, Stuttgart.

Reddemann, Luise (2004): Psychodynamisch Imaginative Traumatherapie. PITT – Das Manual. Pfeiffer bei Klett-Cotta, Stuttgart.

Renz, Monika (2011): Hinübergehen. Was beim Sterben geschieht. Kreuz, Freiburg.

Sampedro (1996): Das etruskische Lächeln. Herder, Freiburg im Breisgau.

Schnarch, David (2006): Die Psychologie sexueller Leidenschaft. Klett-Cotta, Stuttgart.

Servan-Schreiber, David (2004): Die Neue Medizin der Emotionen. Kunstmann, München.

Servan-Schreiber, David (2011): On peut se dire au revoir plusieurs fois. Laffont, Paris.

Tabucchi, Antonio (1998): Die letzten drei Tage des Fernando Pessoa. Hauser, München.

Terzani, Tiziano (2007): Noch eine Runde auf dem Karussell. Vom Leben und Sterben. Knaur, München.

Terzani, Tiziano (2010): Das Ende ist mein Anfang. Ein Vater, ein Sohn und die große Reise des Lebens. Goldmann, München.

Thich, Nhat Hanh (2007): Ich pflanze ein Lächeln (Peace Is Every Step). Goldmann Arkana, München.

Thich, Nhat Hanh (2010): Frei sein, wo immer du bist. Theseus in J. Kamphausen Verlag & Distribution GmbH, Bielefeld.

Thich, Nhat Hanh (2012): Die Sonne, mein Herz. Theseus in J. Kamphausen Verlag & Distribution GmbH, Bielefeld.

Tolle, Eckhart (2003): Stille spricht. Wahres Sein berühren. Goldmann, München.

Uber, Heiner; Steiner, André (2004): Das Lachprinzip. Wie man sich erfolgreich, glücklich und gesund lacht. Eichborn, Frankfurt am Main.

Ueshiba, Morihei (2007): The Art of Peace. Shambala, Boston/London.

Wilber, Ken (1996): Eros, Kosmos, Logos. Eine Vision an der Schwelle zum nächsten Jahrtausend. Krüger, Frankfurt am Main.

Anmerkungen

1 Sowohl das Motto des Buches als auch dieses Gedicht stammen von Thich Nhat Hanh, »Ich pflanze ein Lächeln« (2007), 7f. Quelle: Thich Nhat Hanh, Ich pflanze ein ein Lächeln. Der Weg der Achtsamkeit. © 1992 Arkana Verlag, München, in der Verlagsgruppe Random House GmbH. Übersetzung: Jürgen Saupe. Im englischen Originaltext heißt das Buch »Peace Is Every Step«. Für die Verknüpfung von Lächeln und Friedensarbeit habe ich mich bei Thich Nhat Hanh inspirieren lassen und bin ihm entsprechend dankbar.

2 Goleman (2006), 58ff.

3 Vgl. Goleman (2006), 249ff.

4 Vgl. Kirchmayr (2009), 113.

5 Vgl. Ekman, Paul in: Goleman, Daniel; Dalai Lama (2003), 364ff.

6 Ley & Karrer (2004), 21.

7 Der Riese Tur Tur kommt bei Michael Ende im Kinderbuch »Jim Knopf und Lukas der Lokomotivführer« vor (1960). Thienemann, Stuttgart.

8 Thich Nhat Hanh (2010), 39f. Quelle: Thich Nhat Hanh, Frei sein, wo immer du bist, Theseus in J. Kamphausen & Distribution GmbH, Bielefeld.

9 Vgl. Lüscher, Kurt (2011): Ambivalenz weiterschreiben. Im Sonderheft ›Über Ambivalenz‹. Forum der Psychoanalyse, Bd. 27, Heft 4, Dez. 2011. Springer, Heidelberg. 373–393.

10 Die frühkindlichen Bindungsmuster habe ich andernorts mehrfach beschrieben. Vgl. Ley (2008), 55ff.

11 Ich möchte hier betonen, dass es in diesem Buch um die normale persönliche und gesellschaftliche Ambivalenz geht. Für pathologische Ambivalenzen verweise ich auf Hirsch, Mathias (2002): Schuld und Schuldgefühl. Vandenhoeck & Ruprecht, Göttingen.

12 Andersch (1969), 60.

13 Vgl. Ley (2008). In »Die Kunst des guten Beendens« habe ich das Beenden in allen Lebensbereichen und in allen Lebensaltern und -situationen ausführlich dargestellt. Im Älterwerden gewinnt das Beenden eine besondere Brisanz, weil die Zeit ausläuft.

14 Vgl. Byron & Mitchell (2007). Byron hat diese Methode der Selbsterforschung, die sie »The Work« nennt, entwickelt, und Mitchell hat sie aufgezeichnet. Auf Byrons Website können Videos ihrer Arbeit eingesehen werden: www.thework.com.

15 Vgl. Ley (2001). Unter anderem lege ich in meinem Geschwisterbuch dar, wie Liebe und Hass zu den Geschwisterbeziehungen ge-

hören, es aber möglich ist, im Bestehen von Liebe und Hass beziehungsweise im Aushalten der ambivalenten Gefühle zu Mitgefühl und Solidarität zu kommen. Eine Solidarität, die weit über die Geschwisterbeziehungen hinaus andere horizontale Beziehungen prägt.

16 Thich Nhat Hanh (2012), 146. Quelle: Thich Nhat Hanh, Die Sonne, mein Herz, Theseus in J. Kamphausen & Distribution GmbH, Bielefeld.

17 Ders. (2007), 20.

18 Für weiterführende Literatur über Trauma und Traumabehandlung möchte ich auf Luise Reddemann (2001) und (2004) verweisen. Ihr sanftes, klares und ermutigendes Konzept der Psychodynamischen Imaginativen Traumatherapie (PITT) bewährt sich in der Arbeit mit traumatisierten Menschen.

19 Das Centre for the Study of Violence and Reconciliation in Johannesburg, Südafrika, widmet sich der Erforschung von Gewalt und deren Prävention sowie der Psychotherapie von traumatisierten Menschen: www.csvr.org.za. Abteilung Trauma & Development.

20 Die Beispiele in diesem und im vorigen Abschnitt sind von den TV-Sendungen der Kölner Psychologin/Psychotherapeutin Angelika Kallwass inspiriert. Ich verfolge ihre wochentags täglich ausgestrahlte Sendung ›Zwei bei Kallwass‹ auf Sat1 seit Jahren. Sie setzt mit ihrer Sendung eindrückliche Beispiele von psychotherapeutischer Arbeit in komplexen familiären und anderen Settings. In diesem Sinn habe ich Kallwass auch vieles an Interventionsmöglichkeiten zu verdanken.

21 Hessel, Stéphane (2011): Engagiert euch! Und: Empört euch! Ullstein, Berlin. Keilson, Hans (2009): Das Leben geht weiter. Fischer, Frankfurt am Main. Semprún, Jorge (1994): Die große Reise. Suhrkamp, Frankfurt am Main. Zusätzlich möchte ich Interessierte auf Wikipedia verweisen. Dort werden diese drei Männer entsprechend ausführlich und wertschätzend gewürdigt.

22 Vgl. Lüscher (2003), Fragnière (2010).

23 Schlusspassage in Nelson Mandelas Autobiografie »Der lange Weg zur Freiheit« (1994). Fischer, Frankfurt am Main.

24 Chödron (2004), 184.

25 Geiger (2011), 185.

26 Delius (2009), 117.

27 Vipassana und Zen sind sehr alte Meditationspraktiken, die auf Buddha zurückgehen und heute allerorts angeboten werden. Es geht in den Meditationen um Achtsamkeit, darum, die Dinge so zu sehen, wie sie sind, und um achtsame, liebevolle Selbstbeobachtung – in der Meditation und im Alltag. Retreats sind mehrtägige

Kurse, in denen meditiert wird und insbesondere Wohlwollen und liebende Güte praktiziert werden.

28 Siehe Pessoa (1991), 133. Quelle: Fernando Pessoa, Álvaro de Campos. Gedichte. Aus dem Portugiesischen übersetzt von Georg Rudolf Lind. © Ammann Verlags AG, Zürich 1987. Alle Rechte vorbehalten S. Fischer Verlag GmbH, Frankfurt am Main.

29 Vgl. Pessoa (1986).

30 Pessoa (1995), 47ff.

31 Tabucchi (1998), 58f.

32 Dickinson (2006) 411. – Gunhild Kübler hat die Dickinson-Gedichte wunderbar übersetzt und interpretiert. Ich verdanke ihr viel im Verständnis für diese Dichterin. Quelle: Emily Dickinson, Gedichte. Hrsg. von Gunhild Kübler, Hanser Verlag 2006, München – mit freundlicher Genehmigung von Carl Hanser Verlag GmbH & Co. KG.

33 Ein Verständnis für Leben und Werk von Lasker-Schüler fand ich dank der Biografie: Decker, Kerstin (2009): Mein Herz – Niemandem. Das Leben der Else Lasker-Schüler. Propyläen, Berlin.

34 Dieses Zitat und die Angaben zu Frida Kahlo stammen aus Herrera (1983) 374.

35 Hüther (2011) 92ff. Ich verweise auch gern auf Gerald Hüthers Website, wo seine lebendigen, engagierten Vorträge in Text, Bild und Ton aufgezeichnet sind.

36 Vgl. Kirchmayr (2009). Sein Plädoyer »Rettet die Purzelbäume« ist ein Sach- und Lachbuch zur Bewusstseinserheiterung und -erweiterung. Witzig und lehrreich.

37 Ekman in: Goleman & Dalai Lama (2003), 238.

38 Diese Übung ist angeregt durch Kabat-Zinn (2010): MBSR. Stressbewältigung durch Achtsamkeit. Hg. von Lehrhaupt, Linda; Meibert, Petra. Kösel, München, vgl. weiterführend auch Kabat-Zinn (2011), Servan-Schreiber (2004) und (2011).

39 Vgl. Ley & Borer (1992). In dieser Forschung »Und sie paaren sich wieder« werden das Verhältnis zwischen Wunsch und Wirklichkeit, zwischen dem subjektiven Menschen- und Familienbild und der gesellschaftlichen Realität der Familie geschildert. Frauen und Männer erzählen darin von ihren Wünschen und Fantasien und der Entwicklung und Entfaltung ihrer Patchwork-Realität. Die damaligen Forschungsergebnisse wurden 2011 von mir aktualisiert und bilden die Grundlage dieses Kapitels.

40 Seligman, Martin (2005): Der Glücksfaktor. Warum Optimisten länger leben. Lübbe, Bergisch Gladbach. Csikszentmihalyi, Mihaly (1999): Flow. Das Geheimnis des Glücks. Klett-Cotta, Stuttgart. Die beiden Forscher haben gemeinsam die Positive Psychology ge-

schaffen. Es ist schade, dass die meines Erachtens interessanten, ressourcenorientierten Forschungsergebnisse in den deutschen Übersetzungen mit derart reißerisch-banalen Titeln daherkommen.

41 Vgl. Ley (2001/2007).

42 Gambaroff (1990), S. 102.

43 Vgl. Schnarch (2006), 472f. Ich empfehle dieses Buch allen liebenden Menschen voll und ganz.

44 Vgl. Jellouschek (2006), 78–87.

45 Gibran (1984), 13.

46 Wilber (1996), 188.

47 Dieses Kapitel ist eine überarbeitete Fassung meines Beitrags »Die Liebe ist größer als das Paar«. In: Jellouschek (2011), 24–43.

48 Dies ist eine frei gestaltete Imagination nach einem Beispiel von Thich Nhat Hanh in seinem Buch über das Lächeln (2007), 138 ff.

49 Terzani (2010), 388ff.

50 Terzani (2010), 130.

51 Vgl. Sampedro (1996).

52 Vgl. Kirchmayr (2009), 102.

53 Vgl. Rahner in: Kirchmayr (2009), 123.

54 Ich habe mich für diese Übung von Servan-Schreiber inspirieren lassen. Vgl. Servan-Schreiber (2004), 70ff. Als Kämpfer für eine Medizin mit Herz und gegen Stress, Angst, Depression und Krebs ist Servan-Schreiber im Alter von 50 Jahren an Krebs gestorben (2011). Vor seinem Tod hat er sich in einem kleinen, berührenden Buch – Servan-Schreiber (2011) – gefragt, was von seinem ärztlichen Lebenswerk glaubwürdig bleibe angesichts der Tatsache, dass er sich selbst nicht retten konnte. Er hat erfahren, dass er seinen Patienten trotz allem Hoffnung und Zuversicht geben konnte. Vor allem konnte er die Selbstheilungskräfte der kranken Menschen aktivieren mit seiner Arbeit. Servan-Schreiber beendet seinen letzten Text mit einem traurigen und versöhnlichen Schluss.

55 Tolle (2003), 120. Quelle: Eckart Tolle, Stille spricht. Wahres Sein berühren. © 2003 Arkana Verlag, München, in der Verlagsgruppe Random House GmbH. Übersetzung: Erika Ifang.